외롭지 않다고 말하는 당신에게

EINSAM: VOM MUTIGEN UMGANG MIT EINEM SCHMERZHAFTEN GEFÜHL
by Eva Wlodarek

이 도서의 국립중앙도서관 출판예정도서목록(CIP)은
서지정보유통지원시스템 홈페이지(http://seoji.nl.go.kr)와
국가자료공동목록시스템(http://www.nl.go.kr/kolisnet)에서 이용하실 수 있습니다.
(CIP제어번호: CIP2017033387)

외롭지 않다고 말하는
당신에게

에바 블로다레크 지음 ― 이덕임 옮김

솔직하고
다정하게
내 안의 고독과
만나는 방법

문학동네

책을 펴내며 _011
프롤로그 오늘도 혼자라고 느낀 당신에게 _013

1부 외로움에 대한
시시콜콜한 고찰

1장 나는 언제부터 혼자였던 걸까
외로움의 싹 _021

나는 언제부터 혼자였던 걸까? 내 외로움의 뿌리를 찾아서
외로움은 피할 수 없는 결과가 아니다

2장 그때의 나를 안아준다는 것
과거의 상처 치유하기 _039

'내면의 아이'와 만나는 세 가지 방법
내 안의 나: 부모 자아, 어른 자아, 어린아이 자아
석탄 vs 다이아몬드, 다른 각도에서 바라보기
'오래된 나'와 작별하는 법

3장 지금 내가 쓰고 있는 가면은 사실……
외로움의 가면 _057

외로움은 왜 이토록 나를 뒤흔드는 걸까
외로움은 왜 약점처럼 여겨질까
우리 모두는 '가면'을 쓰고 있다
나는 지금 어떤 가면을 쓰고 있을까
가면을 벗어던지는 순간, 당신에게 일어날 일

4장 혼자가 되는 순간들
삶의 주기별 외로움 _079

누구나 외로움을 느끼는 특정 시기가 있다, 없다?
사춘기, 누군가 필요한 동시에 누구도 필요 없는 시기
청년기, 세상의 과도한 요구 속에서 고립되는 시기
중년기, '더이상 젊지 않고' '아직 노인도 아닌'
노년기, 주변 사람들이 하나둘 떠나가는 시기
인생을 학교에 비유해본다면……

2부 혼자는 외롭고,
둘은 괴로운 사람들

5장 나는 왜 '잘못된 만남'을 반복하는 걸까
나와 어울리는 사람을 찾는 법 _105

선택이 자유로운 것 같지만,
당신이 '나쁜 남자' '못된 여자'에게 끌리는 이유
"나는 엄마처럼 살지 않겠어"와 연애의 상관관계
얻을 것과 잃을 것, 얻어야만 하는 것과 잃어도 되는 것
관계를 맺는 데에도 연습이 필요하다?
마음의 눈을 떴을 때, 비로소 보이는 것들

6장 '당신이 옆에 있어도 난 늘 혼자인 것만 같아'
둘이 있어도 외로운 이유 _135

외로움은 종종 우울증이나 두통으로 오해받는다
같이 있을 때의 외로움이 혼자일 때의 외로움보다 견디기 힘든 이유
머릿속의 살인자
외로움을 보상하기 위한 여러 가지 방식
이 외로움은 정말로 누구의 잘못인가?
내면의 힘을 기르기 위한 몇 가지 방법
변화는 무엇을 불러오는가?

7장   모든 상실의 기억이 우리를 외롭게 만든다
      이별과 외로움의 상관관계 _163

      상실은 균형을 깨뜨린다
      성공적인 이별은 특정한 과정을 거친다
      1단계. '이런 일이 일어나다니 도저히 믿을 수 없어'
      2단계. 감정의 롤러코스터
      3단계. 용서를 통해 스스로를 해방시키기
      4단계. 삶이 새롭게 시작된다
      '이제 다시는 너를 볼 수 없다니……'
      누구도 죽음에 대처하는 법을 배우지 못했다
      '그 모든 것에도 불구하고' 용기 있게 나아가기

3부   외로움에
      작별을 고하는 법

8장   아무도 내 본모습을 보지 못할 때
      사자와 생쥐 증후군 _201

      솔직하다고 늘 좋은 것만은 아니다
      세월이 흐르는 동안, 우리는 자신이 누구인지 잊어버린다
      관계가 밀접해지려는 순간, 뒤로 물러서는 이유
      스스로 선택한 외로움을 끝내기 위한 단 하나의 가능성
      '느끼는 것'과 '표현하는 것'의 조화
      자신을 드러내는 것에 대한 두려움
      자신을 열어젖히기

9장　다른 사람들은 모두 잘만 사는데……
　　　내 안의 나와 마주하기 _229

　　당신의 무엇이 다른 사람을 도망가게 하는가?
　　나를 선명하게 비춰주는 거울
　　외로움에서 시작된 악순환
　　멀지도 가깝지도 않게, 적당한 거리 유지하기
　　주의를 안으로 돌리기
　　자신과 재미있게 놀기
　　성공적인 재고 조사

10장　멀지도, 가깝지도 않게
　　　인연을 만드는 기술 _255

　　모든 인연에는 위험 요소가 있다
　　개방형 질문 vs 폐쇄형 질문
　　너그러워질 것
　　대화에 서툰 사람을 위한 조언
　　목적을 구체화하기
　　자신감을 지키기

11장　때로 슬픔이 가장 위대한 스승이듯
　　　외로움에 대항하는 행동계획 _279

　　내 마음속 상전과 하인
　　"슬픔은 가장 위대한 스승이다"
　　스마트하게 목표 이루기
　　그네를 계속 밀기

에필로그　내 손에 달려 있다 _294

　　　　솔직히 이야기해보자. 사실 나도 '행운'이나 '카리스마'처럼 누구나 좋아할 법한 주제로 책을 쓰고 싶었다. 어쩌면 이 책을 펼친 당신도 직장에서 성공하는 법이나 연애에 관한 충고를 담은 책을 더 읽고 싶었을지 모른다. '외로움'이라는 지극히 개인적이고 조금은 우울한 주제의 이야기를 굳이 찾아서까지 읽고픈 사람은 많지 않을 것이다.

　하지만 우리 모두 이 책을 만나야만 할 절실한 이유가 있다. 우선 나는 외로움이라는 복잡한 감정의 원인을 파악하고 해결할 수 있는 듬직한 심리학적 수단을 독자들에게 전달하고 싶다. 당신에게도 이유는 충분하다. 외로움은 단순히 현대 사회의 한 현상이자 학문적 관심사가 아니라, 누구나 겪고 있지만 좀처럼 익숙해지기 어려운 감정이니 말이다. 우리는 문제 해결을 위해 뭉쳐야 할 한 팀인 셈이다.

책을 읽는 동안 애써 외면했던 감정과 마주하며 조금은 불편해질 수도 있고, 울적해질 수도 있다. 하지만 그 기분과 마음을 외면하지 말자. 이는 상황을 바꾸기 위해 지불해야 할 대가이니 말이다. "언제나 인생의 아름다운 면을 바라보라"는 몬티 파이선의 멋진 충고는 이런 경우에 큰 도움이 된다.

살다보면 우리는 종종 외로움에 부딪힌다. 이 책을 통해 그런 외로움의 시기를 현명하게 건너는 방법을 배울 수 있을 것이다. 덤으로 자기 자신과 직접적인 상관이 없는 여러 가지 외로움에 대해서도 알게 될 것이다. 한 가지 비밀을 말해도 될까? 나는 당신이 자랑스럽다. 외로움에 대한 책을 집어든 당신, '고통'이나 '과거의 상처' 같은 단어를 접하고도 책장을 덮지 않은 당신은 용감하고도 강한 사람이다. 그뿐 아니라 불사조처럼 날아오르기 위해서는 잿더미를 지나야 한다는 진리를 깨달았으니 참으로 영리하기까지 하다. 용기와 의지, 그리고 지성은 목표를 이루기 위해서 꼭 필요한 조건들이다. 그리고 외로움을 극복하기 위한 가장 효과적이고 멋진 무기는 바로 자기 자신이다. 외로움을 잊고 함께하는 행운을 누려보자. 다 함께 이 길을 가보자!

에바 블로다레크

프롤로그

오늘도 혼자라고 느낀 당신에게

　　　　　　 외톨이는 외톨이가 아니다. 역설적으로 들리겠지만 사실이다. 그만큼 혼자라고 느끼는 사람이 아주 많다는 뜻이다. 여러 연구 결과에 의하면 외로움을 타는 현상은 모든 사회적 집단과 연령층에서 나타난다. 요컨대 우리 모두는 살면서 수많은 외로움에 직면한다. 물론 외로움의 소용돌이 한가운데 있는 사람에게 이러한 사실은 큰 도움이 되지 못한다. 외로움이 아무리 넓게 퍼져 있는 현상이라고 해도, 결국은 나 혼자 겪어야 하는 감정인 탓이다.

　게다가 외로움은 다양한 얼굴을 갖고 있다. 하염없이 길게만 느껴지는 주말, 연인이나 배우자를 향한 서운함과 갈망, 이별 후의 상실감, 낯선 곳에서의 향수, 홀로 내버려진 듯한 고립감, 페이스북에는 친구들이 넘쳐나지만 정작 옆에는 아무도 없는 현실, 세상

만사가 귀찮고 우울한 상태, 사랑하는 사람을 죽음으로 잃고 난 후의 슬픔…… 외로움을 느끼는 이유와 상황은 이처럼 수없이 많다.

'함께'여도 '혼자'인 사람들 •

혼자라고 해서 모두가 외로운 것은 아니다. 마찬가지로 누군가와 함께 있다고 해서 외롭지 않은 것은 아니다. 그렇기에 당신이 외로운지 아닌지, 겉으로 봐서는 알 수 없다. 단지 혼자 있는지 아닌지만 알 수 있을 뿐이다. 외로움은 아주 사적인 감정이다. 그러니 혼자인 것과 외로운 것의 차이에 대해 굳이 설명할 필요는 없겠다. 그저 느낌으로 알 수 있을 테니까 말이다.

혼자가 되는 순간은 아주 자주 발생하며 그 순간이 짧을 수도, 길 수도 있다. 가령 출장을 가서 멍하니 호텔방에 머무는 순간이 그렇다. 친구들이 모두 휴가를 떠났을 때, 조용히 생각할 시간이 필요할 때, 어떤 프로젝트에 몰두하고 있을 때도 혼자가 되곤 한다. 혼자라는 것은 여러 사람과 같이 있는 것과 정반대의 상황이다. 경우에 따라, 혼자인 순간은 집중하고 휴식하고 곰곰이 생각할 수 있는 기회를 제공하며, 이를 통해 무언가를 재창조할 수도 있다. 또한 스스로 선택한 혼자만의 시간은 아늑함을 주기도 한다. 한 인터뷰에서 카를 라거펠트는 주말이면 사방이 벽으로 둘러싸인 방에

콕 박혀 있기를 즐긴다고 고백한 바 있다. 그 안에서 음악을 듣고 책을 읽고 그림을 그리거나 생각에 잠긴다고 한다. 그는 칩거하는 동안은 전화도 받지 않는다.

하지만 외로움은 그와는 완전히 다른 성질을 지닌다. 외로움에 빠지면 자신이 마치 버려진 아이처럼 느껴질 수 있다. 깊고 어두컴 컴한 구덩이나 벗어날 길 없는 미로에 갇혀 있는 듯한 기분이 들기 도 한다. 동시에 이런 생각이 밀려온다. '아무도 날 사랑하지 않아. 난 정말 하찮은 사람이야. 뭘 해도 즐겁지 않아. 아무것도 하고 싶 지 않아.' 안타깝게도 주변에 사람이 많다고 해서 이런 감정을 느끼 지 않는 것은 아니다. 기본적으로 외로움은 연애하는 상대가 있건 없건, 가족이나 아는 사람이 많건 적건, 우리를 괴롭히곤 한다.

하지만 대개의 경우 타인과의 진정한 접촉이 부족할 때 외로움 이 생겨난다. 특히 나와 다른 사람을 비교할 때 비참함이 더욱 커진 다. 한 기자가 뮌헨 영국정원에 홀로 누워 있는 젊은이들에게 다가 가 기분이 어떤지 물어보았다. 스물다섯 살의 여학생 마르티나는 자신의 심정을 노골적으로 표현했다. "기분 더럽죠, 뭐. 온 사방이 사랑에 빠진 연인들이잖아요! 샘도 나고 평소보다 더 외로운 것 같 아요. 나도 등에 선크림을 발라주는 남자친구가 있으면 좋겠어요." 스물여덟 살 시몬도 비슷한 대답을 했다. "외로워요. 여기 있는 사 람들 모두 같이 물놀이를 즐기는데 혼자 어슬렁거리는 사람은 나뿐 이네요."

'맞아, 내 잘못이야.
다른 사람들은 모두 잘만 어울리잖아'

이렇게 외로움에 시달리는 사람이 많다면, 솔직하게 털어놓고 서로 어울리는 게 더 좋지 않을까? 문제는 바로 그것이 쉽지 않다는 데 있다. 외롭다는 사실을 인정하고 고백하기는 무척 어렵다. 그래서 혼자 박물관에 가서도 머리를 꼿꼿이 세우고는 예술품을 감상하는 데 푹 빠진 척한다. 주말에 뭘 했는지 캐묻는 귀찮은 질문들도 요령껏 피한다.

우리는 왜 이런 '숨바꼭질'을 하는 걸까? 외로움에 굳이 자격지심을 느끼는 이유가 뭘까? 사회학자들은 외로움이야말로 싱글족 사회, 개인화 사회가 된 현대의 보편적인 현상이자 증거라고 설명하는데도 말이다. 직장에서는 여러 가지 능력을 요구하고 이혼율이 점점 증가하는 세태는 외로움의 수많은 원인 중 하나일 것이다. 또한 많은 심리학자들은 자아도취적 사회에 대한 언급과 함께 자아를 찾아 떠나는 여행 등이 증가하는 상황에 주목하기도 한다. 이러한 분석들은 매우 과학적으로 들리고 실제로 특정한 상황을 설명하는 데 유용하게 쓰이기도 한다. 하지만 우리를 해방시키지는 못한다. 여전히 외로움이 성격적 결함으로 여겨지는 경우가 많기 때문이다. 대부분의 사람들은 이렇게 생각하곤 한다.

'외로움을 느낀다는 건 뭔가 문제가 있기 때문이겠지. 지루한 성격이거나, 사회성이 떨어지거나, 혹은 관계를 맺는 데 서투르거나, 뭔가에 중독되어 있거나, 아니면 단지 매력이 없거나.' 외로운 게 죄도 아니고, 누가 꾸짖는 것도 아닌데 모든 사람이 이런 눈길로 나를 보는 것 같다. 결국 스스로를 할퀴고 만다. '맞아, 다 내 잘못이야. 그렇지 않다면 다른 사람들은 모두 끼리끼리 잘만 어울리는데, 어째서 나만 이 모양이겠어?'

'내 안의 나'를 만난다는 것 ●

⋮

　　　　　　　외로움을 감추려고 하는 마음은 이해할 만하다. 하지만 스스로 외로움과 직면하는 일을 회피한다면 문제는 심각해진다. 물론 어둡고 우울한 마음을 들여다보는 것이 썩 내키는 일은 아니다. 외로움은 아마도 '병'이나 '죽음'만큼 인기 없는 주제일지 모른다. 하지만 관점을 달리해보자. 외로움이 자신을 성장시킬 특별한 도전이라고, 새롭게 바라볼 수도 있지 않을까. 외로움을 극복하기 위해서는 내면의 중심을 건드려야 한다. 마음 깊은 곳의 두려움과 안주하고자 하는 욕망을 마주보고, 정말로 위험을 감당할 자신이 있는지 거듭 자문해야 한다.

　외로움과 직면하는 일은 변화의 가능성을 찾는 과정이기도 하다. 주의할 점은 변화의 가능성을 가늠하는 데서 그치지 않고, 구체적인 결과물을 얻고자 노력할 필요가 있다는 사실이다. 이는 모두가 부러워할 만한 용기로 특별한 성취를 이룬 사람들에게서 공통적으로 나타나는 특징이기도 하다. 예를 들어 8000미터가 넘는 전 세계의 산 정상을 모두 정복한 산악인 라인홀트 메스너는 홈페이지에 이렇게 썼다. "삶에서 큰 어려움이 닥칠 때마다, 나는 마치 어떤 어려움이나 장애도 없는 듯이 한걸음 더 나아갔다."

이제 더이상 혼자이고 싶지 않은 순간이 찾아오면, 돌파구를 마련하고자 하는 의지가 솟아난다. 변화의 에너지는 거기서부터 생겨난다. '이젠 더이상 외롭고 싶지 않아'라는 다짐이야말로 외로움에서 벗어나기 위한 가장 중요한 첫걸음이다. 마침내 내면의 모험을 받아들일 준비가 된 것이다. 이 모험을 마쳤을 때, 무엇이 기다리고 있을까? 자신이 이 세상의 소중한 한 부분이라는 사실을 가슴 깊이 느낄 것이다. 또한 장애물을 극복하는 경험을 통해 훨씬 성숙하고 매력적인 사람이 될 것이다.

1부

외로움에 대한
시시콜콜한 고찰

1장

나는 언제부터
혼자였던 걸까

외로움의 싹

● 　　　　외로움을 느끼는 데는 대부분 분명한 이유가 있다. 새로운 동네로 이사한 지 얼마 되지 않아서 아는 사람이 아무도 없거나 친구들이 전부 먼 곳에 살고 있을 수도 있다. 아니면 마음에 드는 이성은 하나같이 임자가 있거나 친하게 지내던 사람이 왠지 거리를 두는 것 같아서, 혹은 일에 치이다보니 개인적인 시간을 즐길 틈이 없어서 외로워질 수도 있다. 이처럼 우리가 외롭다고 생각하는 데에는 외부 요인이 큰 몫을 차지한다.

대학을 갓 졸업했을 때 시골의 한 김나지움에 예비교사로 발령받아 2년 동안 지내게 되었다. 그곳은 슈퍼마켓 하나와 작은 주점, 미용실말고는 갈 곳이 없는 그야말로 적막강산이었다. 알고 지내던 모든 이들과 차단되고, 남자친구와 500킬로미터 이상 떨어진 외딴 곳에서 나는 철저히 혼자였다. 동료 교사들은 모두 나보다 나이가 많았고 취미도 달랐다. 그렇다고 혼자만의 공간이 그리 아늑하지도 않았다. 나는 가구가 딸린 셋집에서 책을 읽거나 울부짖는 사슴들이 그려진 유화를 우울하게 바라보며 시간을 보내곤 했다. 예비교사가 받는 월급과 쓸 수 있는 휴가로는 친구들을 만나러 가거나 가까운 대도시로 나들이하기가 여의치 않았다. 어째서 외로워하는 거냐고 누군가 물었다면 이렇게 대답했을 것이다. "왜냐고요? 이런 끔찍한 촌구석에서 한번 살아보세요!"

이렇듯 외로움을 느끼는 데는 외부 요인이 중요한 구실을 한다. 하지만 진정한 원인은 더 깊은 곳에 있는 경우가 대부분이다. 외로움이란 사실에서 비롯된 객관적 감정이 아니기 때문이다. 그렇지 않다면 똑같은 환경에 처했을 때 모든 사람들이 똑같이 외로움을 겪어야 할 것이다. 하지만 마주친 상황에 어떤 방식으로 대응하느냐에 따라 외로움을 느낄 수도, 느끼지 않을 수도 있으며, 재빨리 외로움에서 벗어날 수도, 오랫동안 허우적댈 수도 있다. 따라서 우리가 외로움을 느끼는 것은 꼭 가혹한 환경이나 모진 운명 탓만은 아니다. 그보다는 정서적·심리적인 요인이 큰 역할을 한다.

외로움은 주관적인 감정이다. 네덜란드 심리학 교수 베르나르드 리베고드Bernard Lievegoed는 다음과 같이 말한다. "운명은 내부에서 비롯된다." 즉 내면의 조건이나 환경이 외로움을 부추긴다는 뜻이다. 자신이 처한 상황에서 외로움을 느끼느냐 아니냐는 삶의 기본적인 자세와 더불어 자기 자신을 대하는 태도와 다른 사람에 대한 신뢰에 달려 있다. 또다른 요인은 얼마나 적극적인 태도로 살아가느냐의 문제다. 즉 필요할 때 도움을 요청할 수 있을 만큼 바깥세상과 소통하고 있는지가 중요하다. 사람은 누구나 특정한 기질을 가지고 태어나고, 그것이 각자의 성격이나 신체적 조건에 영향을 미치는 것도 사실이지만, 행동과 태도의 많은 부분은 유년기나 청소년기에 형성된다.

나는 언제부터 혼자였던 걸까? ●
내 외로움의 뿌리를 찾아서

⋮

어린 시절에는 감정이 매우 직접적인 영향을 미친다. 최근 친구의 세 살배기 아들을 통해 그 사실을 잘 관찰할 수 있었다. 내가 준 생일 선물이 마음에 들지 않았는지 녀석이 울음을 터뜨리면서 장난감을 바닥에 던졌다. 아마 몇 년만 지나면 아이는 같은 상황에서도 실망을 숨기는 방법을 터득할 것이다. 이처럼 감정을 그대로 드러내기 때문에 아이들은 매우 연약한 존재로 여겨지곤 한다. 어떤 기분이나 느낌도 거르지 않고 오롯이 받아들이는 이유는 상대화하는 능력이 부족한 탓이다. 그래서 아이의 행동은 주로 감정이 좌우한다.

네 살 때 겪었던 일을 아직도 기억한다. 할머니가 머리 부분이 도자기로 된 인형을 사주셨는데, 나는 그걸 무척 애지중지했다. 그러던 어느 날 인형 옷을 갈아입히다가 실수로 떨어트리는 바람에 머리가 산산조각나버렸다. 나는 사랑하는 사람이 죽기라도 한 것처럼 통곡하면서 슬퍼했다. 어른들이 "그건 그냥 인형일 뿐이야"라며 달랬지만 아무런 소용이 없었다. 아이들은 자신이 겪는 일을 제대로 이해하기 어렵다. 인생의 경험이 많지 않기 때문에 왜 그런 일을 겪어야 하는지 잘 알지 못한다. 그렇기에 대부분의 아이들은 아주 단순하게 직접적으로 해석한다. 아이들은 부정적인 경험을 곧이곧대로 받아들이며, 그것은 무의식적으로 세상과 타인, 그리고 자신을 인식하는 밑바탕이 된다.

어린 시절의 부정적 경험은 아늑하고 보호된 환경에 대한 신뢰를 무너뜨리고 버림받은 듯한 느낌을 받게 만든다. 이러한 경험은 내면을 깊숙이 파고들어가 무의식적으로 미래를 결정한다. 이것이 종종 외로움의 보이지 않는 원인이 된다. 그렇기에 다소 진부할지라도 지금의 나를 이해하기 위해서는 잊고 있던 어린 시절과 마주할 필요가 있다. 즉 외로움의 뿌리를 파헤치기 위해서는 유년 시절에 경험한 외로움의 내적 동기를 확인해야 한다. 그 예로 다음과 같은 것이 있다.

결핍, 이름 모를 감정의 시작

정신분석학자 하인츠 코후트Heinz Kohut는 어린 시절의 결핍이야말로 한 사람의 평생을 따라다니는 이름 모를 감정, 즉 우울증과 내면적 외로움의 원인이 될 수 있다고 보았다. 코후트가 이를 '이름 모를 감정'이라고 명명한 이유는 아기 때의 일은 기억에 남지 않기 때문에 성인이 된 후 느끼는 우울감이나 고립감을 스스로도 이해하기 어려운 탓이다. 한 예로 산모가 산후우울증으로 고통받는 바람에 아기에게 애정을 쏟지 못한 경우를 들 수 있다. 아기는 사랑받고 있는지 아닌지를 본능적으로 느낄 수 있으므로, 충분히 사랑받지 못한 아기는 훗날 이유 모를 외로움에 시달릴 가능성이 크다. 또한 어린 시절의 질병도 원인 중 하나가 될 수 있다. 정체불명의 외로움으로 고통받는 스물아홉 살의 안경사 하조의 과거를 살펴보면, 그는 엉덩이 부분에 장애를 가진 채로 태어나서 수술을 받았고, 병원 침대에 수개월간 누워 있어야 했다.

아이들은 죽음에 대해 아무것도 모른다. 그렇기에 갑작스럽게 죽음과 마주하면 그것이 깊은 충격으로 남는다. 지빌레는 여덟 살에 엄마를 암으로 잃었다. 어떤 준비도 없이 찾아온 죽음이었다. 느닷없이 엄마가 이 세상에서 사라진 것이다. 장례식이 끝나고 사람들은 엄마의 죽음에 대해 입을 다물었고, 아이가 눈치채지 못하게 "불쌍한 것" 하면서 측은한 눈길을 보냈다. 삶은 계속되었고 지빌레는 혼자 슬픔 속에 갇힌 채 살아야 했다.

부모의 이혼도 죽음과 비슷한 영향을 미칠 수 있다. 가령 부모 중 한 사람이 상대에게 큰 상처를 받은 경우, 아이들이 엄마 혹은 아빠와 만나지 못하도록 방해할 수 있다. 또 어쩔 수 없이 상대와 만날 수 있게 허용해야 하는 경우에도 아이들에게 상대에 대한 험담을 하거나 심리적 부담을 줌으로써 관계가 어긋나도록 유도하는 경우가 많다. 어릴 때 순간순간 변하는 관계의 속성을 접하면 이후 타인과 참된 관계를 맺기 어려워진다. 현재 배우자나 가족이 있다 하더라도 마음 깊숙한 곳에는 관계에 대한 의심이 도사리고 있을 가능성이 크다. 그러니 관계에 대해 좀더 신중하게 접근하는 것이 이후의 파국을 예방할 수 있는 지름길인 것이다.

불안정한 환경은 자신만의 성을 쌓게 만든다

어린 시절 정신적·육체적 폭력을 경험하면 스스로가 얼마나 나약한 존재인지 실감하게 된다. 대부분의 피해자는 자신이 당하는 괴로움을 비밀로 숨기고 아무에게도 말하지 못한다. 성적 학대나 폭행, 정신적 폭력을 당해도 혼자 끙끙 앓는 경우가 많다.

세미나에서 소개된 브리타라는 여성의 사연은 참석한 사람들의 가슴을 아프게 했다. 브리타의 부모는 이단 종교의 광신자들이었다. 음악과 춤, 텔레비전과 화려한 옷은 엄격히 금지되었다. 권위적인 종교 지도자는 새로운 규칙을 끊임없이 만들었다. 그중 하나가 느닷없이 꽃을 가꾸거나 반려동물 기르는 일을 금지시킨 것이다. 브리타가 열두 살이었을 때, 어느 날 학교에서 돌아와보니 집에서 기르던 작은 테리어는 이미 동물보호소로 보내졌고, 화분은 모조리 쓰레기통에 버려져 있었다. 에노도 비슷한 폭력을 경험했다. 야망에 가득찬 판사였던 그의 아버지는 거의 매일 밤 자고 있던 에노를 깨워서 라틴 문법의 규칙을 외우게 했다. 혹시 머뭇거리기라도 하면 가차없이 손을 들었다. 이처럼 정신적·육체적 폭력에 노출된 아이들은 은연중에 타인에 대한 공포를 키운다. 이는 '살면서 어떤 수를 써서라도 다른 사람에게 좌우되지 않겠다'는 다짐으로 이어진다.

아이들은 안정감을 필요로 한다. 믿을 만한 사람들로 둘러싸인 환경이 필요한 것이다. 특히 부모는 아이들을 보호하고 일정한 규칙을 가르쳐주어야 한다. 이는 환경적 안정뿐 아니라 정서적 안정을 위해서도 중요하다. 하지만 이것들이 무시되는 경우가 종종 있다.

악셀의 아버지는 알코올의존자였다. 평소에는 다정했지만 술병을 입에 대는 순간, 예측 불가능한 인간으로 돌변했다. 못마땅한 삶에 대한 자기연민에 휩싸인 채 아들을 향해 실패의 증거라며 저주를 퍼부었다. 악셀의 엄마는 그런 아버지에 대해 툴툴거렸지만 남편과 대적할 만한 힘이 없었다. 우울증에 걸려서 끊임없이 자살 시도를 하는 엄마를 둔 카렌도 불안으로 가득찬 어린 시절을 보내야 했다. 학교에서 돌아온 그녀가 구급차에 실려가는 엄마를 본 일은 한두 번이 아니었다. 잦은 이사도 비슷한 영향을 미친다. 베레

나의 아버지는 군대 장교였고, 온 가족이 아버지를 따라 자주 이사했다. 열 살 때까지 베레나는 살던 지역을 세 번이나 바꾸었다. 그것은 매번 친구들에게 작별을 고하고 새로운 환경과 장소에 적응하는 일을 반복했다는 의미다. 상황이 그렇다보니 한곳에 제대로 뿌리내릴 수 없었다.

어린 시절 불안정한 세계를 경험하고 나면 자기 자신밖에 믿을 수 없다는 결론에 도달하기 쉽다. 다른 사람에게 도움을 청하는 법을 잊어버리는 것이다. 덕분에 능력 있고 독립적인 사람이 될 수도 있겠지만, 주변 사람들에게 벽을 쌓고 자신만의 성에 갇히는 경우가 훨씬 많다.

타인을 챙기다 '나'를 잃어버린 사람들

나이에 어울리지 않게 무거운 책임에 시달리는 아이들이 있다. 특히 부모가 아프거나 장애가 있는 형제를 둔 아이들은 일찍부터 다른 사람을 돌보거나 배려하는 일에 익숙해져서 자유로운 심성을 잃어버리기 쉽다. 한 동료가 자신의 어린 시절 이야기를 들려준 적이 있다. 그의 남동생은 간질을 앓았다. 부모님은 아픈 아이에게만 정성을 쏟았기에, 그는 알아서 스스로를 돌봐야 했다. 열 살이 되던 해 그는 혼자서 김나지움에 등록하러 갔다.

부모가 흉허물을 다 털어놓는 것도 아이에게는 부담이다. 자식과 부모의 관계가 역전되어, 어린아이가 엄마나 아빠를 보호하고 도와주어야 한다면 당연히 지나친 짐이 될 수밖에 없다. 에밀리는 네 살 때부터 믿음직스럽지 못한 아빠에 대해 불평하는 엄마의 하소연을 들어주어야 했다. 하지만 아이는 듣기 싫다는 소리도 할 수 없었다. 이런 상황이 계속되면 어린 시절부터 결속의 의무를 짊어지며, '다른 사람을 사랑한다는 것은 자신을 희생하는 것'이라고 배운다. 그리고 이는 관계에 대한 두려움을 키우기 마련이다. 관계에 따르는 배려와 희생, 부담을 앞서 걱정하느라 관계를 맺는 일 자체를 피하게 되는 경우가 많아진다.

악의 없는 농담은 때로 독처럼 스며든다

때로 멍청하다, 쓸모없다, 못생겼다 같은 모욕적인 이야기를 끊임없이 듣고 자라는 아이들이 있다. 농담이나 유머라는 이름으로 포장된 언어폭력을 겪는 경우도 많은데, 이는 더욱 비참하게 다가오기 쉽다. 심리치료사 수전 포워드Susan Forward는 잘생긴데다 성공적인 삶을 살고 있는 필의 예를 든다. 지독한 내면적 고립감에 시달리던 필은 어느 날 수전의 상담실을 찾아왔다. 상담 결과, 필은 어린 시절부터 아버지에게 지속적으로 놀림을 받아왔던 것으로 밝혀졌다. 그의 아버지는 자식들을 앞에 둔 채 종종 필에게 말하곤 했다. "얼굴을 봐, 우리 자식일 리 없어. 병원에서 다른 아이랑 바뀐 게 분명해. 다시 병원에 데려다주고 우리 애를 찾아오는 게 좋겠어." 여섯 살 필이 울음을 터뜨리면 아버지는 "무슨 애가 농담도 모르냐"고 핀잔을 주곤 했다.

아무리 악의가 없었다고 해도 깎아내리기와 비꼬기, 놀리기는 아이의 영혼에 독처럼 스며들어, 불안함을 피워올린다. 아이는 자신이 사랑받을 가치가 없고, 아무도 원하지 않는 존재라고 느낀다. 그리하여 감정을 숨기고 달팽이처럼 혼자만의 집으로 기어들어간다.

'난 누구에게도 중요하지 않은 사람이야.' 어째서……

깊숙한 곳에 자리잡은 외로움의 근원에는 다음과 같은 슬픈 사연이 자리하는 경우가 종종 있다. "부모님은 나랑 같이 있을 시간이 전혀 없었어요." 아멜리에의 부모는 건축사무실을 운영했는데 언제나 일에 푹 빠져 살았고, 딸이 말썽을 피우지 않기를 원했다. 부모의 기대대로 그녀는 조용한 아이로 자랐다. 아멜리에는 색연필 몇 개, 책 몇 권과 함께 부모의 사무실에 몇 시간이고 혼자 내버려지곤 했다.

부모가 맞벌이를 하는 경우, 아이들과 함께 시간을 보내기 어렵다. 특히 자영업을 한다면 사업이나 고객이 우선순위가 되곤 한다. 돌봐주는 사람이 한 명이라도 있다면 그나마 운이 좋은 것이다. 하지만 대부분의 경우 아이 혼자 남겨진다. 홀로 있는 시간 동안 아이는 점점 '난 누구에게도 중요하지 않은 사람이야'라는 생각을 키우곤 한다.

한편 어떤 부모는 아이들과 친밀하게 놀아주는 일을 피곤해한다. 기본적으로 아이에게 무관심한 경우인데, 이런 무관심은 종종 인내심 부족으로 표현된다. 소피는 그림 그리는 것을 좋아했다. 소피가 새로 그린 그림을 보여주면 엄마는 힐끗 쳐다본 뒤 "잘 그렸구나"라는 한마디를 던지고는 다시 일에 몰두했다. 한편 마르코는 아빠가 선반을 만드는 일을 도와주다가 실수로 엉뚱한 스패너를 건넨 적이 있다. 그러자 아빠는 짜증을 내면서 말했다. "그냥 놔둬. 내가 혼자 하는 게 빠르겠다." 소피 엄마와 마르코 아빠의 속마음을 풀이해보면 대략 이렇다. '난 너한테 관심이 없어.' 이런 일을 자주 겪으면 아이는 스스로 뭔가 부족한 사람이라고 느낀다.

더 심각한 것은 부모가 자신의 뜻대로 아이의 행동을 통제하려는 경우인데, 이는 진정한 관심이 결핍되어 나타나는 현상이다. 제니의 엄마는 딸의 활달한 성격을 받아들이지 못했다. 그녀는 내성적인 성격으로 책 읽기를 좋아하고, 음악에 재능이 있었다. 그래서인지 딸이 책을 멀리하고 바깥에서 뛰어놀기를 좋아한다는 사실을 인정하려들지 않았다. 그녀는 항상 제니에게 착한 아이가 되라고 윽박지르며 벌을 주었다. 언제나 잘못됐다는 소리를 듣고 자란 아이가 스스로를 있는 그대로 받아들일 수 있을 리 만무하다. 이런 아이들은 성인이 되어서도 항상 자신을 포장해서 보여줘야 한다는 강박관념을 갖기 쉬우며, 오직 혼자 있을 때만 진정한 모습을 드러내곤 한다.

은밀한 고립이 시작되는 순간들

신체적으로 남과 다른 부분이 있는 아이는 또래들로부터 놀림을 받거나 심한 경우 따돌림을 당하기도 한다. 성공한 사업가인 우도는 어린 시절 귀가 안쪽으로 구부러져 있다는 이유로 놀림감이 되었다. "야, 저기 덤보가 온다!" 아이들은 종종 이런 식으로 우도를 놀렸다. (덤보는 디즈니 만화영화에 등장하는 귀가 커다란 코끼리로, 귀를 펄럭이며 하늘을 날 수 있다.) 그때마다 우도는 마음속으로 맹세했다. '내가 무슨 일을 할 수 있는지 보여주고 말겠어!' 이제 그는 번창한 회사를 여러 개 거느리고 있지만, 누구도 가까이 다가오도록 허락하지 않으며 한없는 외로움을 느끼고 있다. 그레타도 다른 사람들에게 조롱당하는 괴로움을 겪었다. 그녀의 머리카락은 강렬한 빨간색이었는데, 이 때문에 그레타는 어린 시절부터 항상 아웃사이더 취급을 당했다. 심지어 "빨강 머리와 주근깨는 악마의 친구야"라는 말까지 들었다. 이런 고통을 받은 경험이 있는 사람은 주위의 반응을 또렷하게 기억하고, 자신을 은밀하게 고립시킬 가능성이 높다. 물론 신체적 결핍을 메우기 위해 유머와 매력을 개발하고 특별한 능력을 성취하는 이들도 있다. 하지만 대부분은 상처의 기억을 떨쳐내지 못하고 스스로를 고립시키곤 한다.

가끔 가족이 남과 다르고 특이해서 아이들이 괴로움을 당하는 경우도 있다. 카밀라의 부모는 보통의 소도시 주민들과는 다른 생활방식을 영위했는데 이들은 인지학人智學(지각적 체험과는 관계없는 일종의 사고, 즉 인지적 상상, 영감 고취, 직관력을 계발하고 발전시키는 것을 목표로 한 정신운동—옮긴이)에 심취해 있었다. 이 난해한 사상은 당시 사람들에게 거의 알려지지 않았고, 이를 보는 이웃의 시선도 그리 너그럽지 않았다. 카밀라는 손수 뜨거나 직접 바느질한 옷만 입어야 했고, 파티나 클럽에 가는 것도 금지되었다. 일반적인 토론에도 참여할 수 없었다. 이렇게 카밀라는 사람들로부터 점점 멀어졌다. 종교적으로 혹은 언어적으로 가족이 주류와 다른 삶을 살면, 아웃사이더가 되기 쉽다. 안타깝지만 가난도 따돌림을 부르는 요소가 되곤 한다. 어떤 이유에서든 가족 때문에 외톨이가 되는 상황은 아이들에게 큰 괴로움을 준다. 가족에 대한 신의와 다른 사람들과 어울리고자 하는 갈망 사이에서 길을 잃기 때문이다. 그 어디에도 온전히 속하지 못한 채 방황하는 것이다.

자라지 못하고 멈춰버린 내 안의 그 아이

외로움이 어린 시절의 상처에서 비롯되었다는 사실을 깨달은 사람은 그래도 낫다. 대부분은 정서적인 안정을 위해 어른이 되어서도 비슷한 전략을 유지하곤 한다. 고통을 외면하는 것이다. 성인이 되어서도 과거에 무시당했거나 지나친 부담에 시달렸고 사랑받지 못했다는 사실을 인정하지 못하는 사람이 많다. 물론 불우했던 어린 시절이나 힘겨웠던 젊은 시절을 아주 덤덤하게 들려주는 사람도 간혹 있다. 이들의 경우, 그건 벌써 오래전에 지난 일이라는 사실을 강조하곤 한다. "그 문제는 이미 오래전에 극복했답니다." 이들은 이성을 앞세우며 말한다. "항상 다른 사람을 비난할 필요는 없지요. 나의 현재는 바로 내 책임이니까요."

하지만 고통은 지속적으로 삶을 파고들어가 우리가 모르는 사이에 엄청난 영향을 미친다. 어렸을 때 불안감과 상실감, 평가절하와 폭력, 그리고 지나친 요구들을 경험하면 또다시 그런 괴로움을 겪지 않기 위해 발버둥을 치기 마련이다. 이런 발버둥은 대부분 관계의 단절로 이어지곤 한다. '이 사람도 과거의 그 사람처럼 나를 버리고 상처주고 이용하려들지 모른다'는 생각에 견고한 방어막을 치고, 아무도 가까이 오지 못하게 막는다. 밖에서는 이런 생각이 잘 보이지 않을 수 있다. 워낙 미묘하게 자기방어를 하다보니 스스로도 알아차리지 못하는 경우도 있다. 가령 언제나 멀리 떨어진 상대와만 연애하는 사람이 한 예다. 혹은 알고 지내는 사람은 많지만 속내를 털어놓는 친구가 없는 사람, 가족에 대한 부담이 너무 커서 아이를 원하지 않는 사람도 있다.

배우자나 가족, 훌륭한 동료가 있고, 개인적으로 성공을 거두었음에도 스스로를 인정하지 못하는 사람이 꽤 많다. 마음속 깊은 곳에는 자신이 중요한 사람이 아니라는 두려움과 좋은 사람이 아니라는 불안이 도사리고 있다. 표면적으로는 능수능란하고 안정적인 모습을 보이지만 그 속에는 울면서 바들바들 떨고 있는 아이가 숨어 있다. 그러한 상태는 고립된 채 불안에 떠는 그 아이를 해방시킬 때까지 계속된다. 이를 멈추려면 과거와 현재의 연관성을 깨달아야만 한다. 자신의 두려움을 환한 빛 속에 드러낼 때, 비로소 두려움은 힘을 잃는다.

외로움은 피할 수 없는 결과가 아니다 ●

물론 유년기 혹은 청소년기에 겪은 어려움이 무조건 외로움으로 직결되는 것은 아니다. 실제로 미국에서 장기간 진행한 연구에 따르면, 불우한 환경에서 자란 아이들도 일반적인 환경에서 자란 아이들과 사회적 행동이나 태도 면에서 다를 바 없었다. 일부 아이들에게서는 신경증적 행동 패턴이 나타났지만 반대로 환경에 대처하는 특별한 힘을 키운 아이들도 있었다. 어떤 사람들은 이것을 인간이 가진 회복력 덕분이라고 생각한다. 혹은 당시에 영향을 미쳤던 모든 것 하나하나를 전부 기억하지는 못하기 때문일 수도 있다. 아니면 괴로운 가운데서도 사랑을 베풀어준 사람을 만났을 수도 있다. 그 사람은 선생님일 수도, 친구나 할머니일 수도 있다. 또 상상력을 동원하거나 책의 세계로 탈출함으로써, 혹은 좋은 성적을 올림으로써 스스로 힘을 길러 결핍을 채웠을 수도 있다.

과거의 문제를 건드리지 않고 현재의 외로움을 해결하는 방법을 찾을 수 있다면 좋을 것이다. 하지만 그러려면 현재의 외로움이 과거와는 아무런 상관이 없다는 사실을 확신할 수 있어야만 한다. 그렇지 않으면 단지 표면적인 증상만 치료하는 것에 불과하다는 사실을 명심하자.

2장

그때의 나를
안아준다는 것

과거의 상처 치유하기

파란 렌즈 선글라스를 쓰면 여름날의 황금빛 풍경마저도 차갑게 보인다. 그런 의미에서 과거는 선글라스와도 같다. 불우했던 과거라는 선글라스를 쓰고 보면 나는 '매력이 하나도 없고' '다른 사람을 즐겁게 해주기 위해 뭔가를 해야 하며' '자칫 얕잡아 보일 수 있으니 약한 모습을 드러내지 말아야 한다'.

이러한 자아인식은 스스로에 대한 기대치에도 영향을 미친다. 누군가가 나를 거절하고 업신여기고 모욕을 주고 실컷 이용해놓고서는 모른 척할 거라고, 혹은 지루한 사람으로 여길 거라고 지레짐작함으로써, 늘 주눅든 채로 생활하는 것이다. 위험을 피하고 보자는 식으로 행동함으로써 스스로에게 벽을 쌓고 다른 사람을 대한다. 무의식적으로 타인이 자신을 왜곡된 시선으로 보고, 그에 따라 행동하도록 만드는 셈이다. 그래서 결국 현실은 스스로에 대한 기대치와 정확히 맞아떨어지게 된다. 어린 시절의 상처가 지금도 되풀이되고 있다면, 아마도 이러한 이유에서일 것이다. 계속해서 과거에 겪은 대로 생각하고 느끼고 행동하기 때문이라는 이야기다. 그 결과 스스로를 외롭게 만든다.

어려서부터 키워온 외로움에서 벗어나려면 오래된 행동 패턴부터 바꿀 필요가 있다. 사실 이는 생각만큼 그리 어렵지 않다. 우리에게는 '내면의 아이'라는 믿음직스러운 리더가 있다. 물론 그 아이가 머릿속에 들어앉아 어디로 가야 할지를 시시때때로 알려준다는 의미는 아니다. 단지 그 아이가 현실적으로 활용 가능한 심리학적 모델이 될 수 있다는 뜻이다.

내면의 아이는 유년기를 통과하면서 머릿속에 저장된 느낌과 기억, 그리고 경험을 상징한다. 이러한 것들을 내면의 아이라고 인격화함으로써 보다 쉽게 이해하고 다가갈 수 있다. 내면의 아이에 대해 선구자적 연구를 해온 미국 심리치료학자 존 브래드쇼John Bradshaw는 그 방법이 분명한 효과가 있다고 단언한다. "내면의 아이는 어린 시절 당신이 겪은 것과 똑같은 일을 경험하겠지만, 이번에는 어른이 된 당신이 아이를 보호해줌으로써 이전에 끝내지 못한 중요한 숙제를 마칠 수 있다." 또 브래드쇼는 자신을 사랑하는 일이 얼마나 중요한지에 대해서도 역설한다. "상처받은 아이는 우

리 안에 그대로 굳어 있다. 그 아이는 믿고 의지할 사람을 필요로
한다. 그 사람은 바로 당신 자신이다. 내면에 있는 아이의 친구가
되어 도움을 줄 수 있도록 스스로 자신감을 가져야 한다."

'내면의 아이'와 만나는 세 가지 방법 ●

무엇보다 중요한 것은 지금까지 외면해왔지만,
자신에게 커다란 영향을 미치는 무의식의 세계가 있다는 사실을
받아들이는 일이다. 내면의 아이는 단순히 생각만으로 만날 수 없
다. 다음은 유년 시절의 기억이나 느낌을 환기하는 데 가장 믿음직
스러운 방법들이다.

첫째, 어린 시절을 보낸 장소에는 특별한 마력이 있다. 그곳에
가면 오래전 생각과 느낌이 되살아날 것이다. 하지만 내면에서 들
려오는 소리를 더 잘 들으려면 시간과 휴식이 필요하다. 조금씩 솟
아오르는 느낌과 감정이 자연스럽게 흐르도록 내버려두자. 어떤
사람들은 솔직한 느낌을 부끄러워하기도 한다. 슬픔을 칭얼거림으
로, 분노를 부적절한 감정으로 치부한다. 하지만 오랫동안 품고 있
던 느낌에 귀기울이는 것은 지나친 자기연민과는 거리가 멀다. 어
린 시절의 나는 공감받을 가치가 충분한 존재이기 때문이다.

케어스틴은 출장중 25년 만에 처음으로 여섯 살까지 살았던 고향을 방문했다. 그곳은 그리 변하지 않았고, 어릴 때 다녔던 유치원도 그대로였다. 늦은 오후였고 유치원 운동장은 텅 비어 있었다. 시소에 걸터앉은 케어스틴은 문득 작가 H. G. 웰스(과학소설로 유명한 소설가이자 문명비평가—옮긴이)의 소설에 나오는 타임머신에 올라탄 기분이 들었다. 신체적 약점 때문에 친구들에게 따돌림을 당했던 네 살 때의 괴로운 기억이 새삼스럽게 떠올랐던 것이다. 하지만 이번에 그녀는 한때 자신이었던 작은 소녀를 위로해줄 수 있었다. "너무 슬퍼하지 마. 지금은 성공한 인생을 근사하게 누리고 있단다."

둘째, 사진을 통해 그때 그 아이와 만나보자. 고요한 시간, 어린 시절이 담긴 사진첩을 넘겨보자. 천천히 시간을 들여 사진 속 아이의 눈동자를 바라보자. 어떤 기분이 드는가? 사진을 들여다보는 동안 복잡미묘한 감정이 거세게 몰아칠 것이다. 얼마 전 나는 한 의뢰인에게 어렸을 때 사진을 들고 와달라고 요청했다. 사진 속 아이는 흔들리는 목마 위에 올라탄 채 커다란 눈망울로 세상을 응시하고 있었다. 사진을 들여다보던 의뢰인의 눈에 눈물이 고이기 시작했다. 순진하고 천진난만했던 자신의 모습이 마음을 뒤흔든 것이다.

사진 속 어린아이를 보면 마음속 깊은 곳에서 여러 감정이 밀려올 것이다. 그때 그 아이와 이야기를 나누어보자. 당시에 무슨 일을 겪었는지, 그때의 소망과 두려움이 무엇이었으며, 무엇을 그리

위했는지 물어보자. 어쩌면 아이는 이렇게 말할지도 모른다. "난 외톨이야. 아무도 나랑 놀아주지 않아. 엄마 아빠도 항상 집에 없어." "사람들은 늘 내가 이성적으로 행동하길 바라. 하지만 내 머릿속은 늘 엉뚱한 상상으로 가득차 있는걸!" 사진이란 매체를 통해 한때 자신이었던 아이를 만날 수 있고, 오랜 기다림에 지친 그 아이를 해방시켜줄 수도 있다.

셋째, 그때의 내가 되어 편지를 써보자. 종이를 꺼내서 그때 당신에게 소중했던 사람에게 편지를 써보자. 대부분은 부모나 가까운 친척일 것이다. 그때의 소망과 안타까움을 표현해보자. 자기 검열은 필요없다. 부모를 판단하려고도 하지 말자. 자신의 감정을 아주 진지하게 들여다보는 것이 중요하다. 오로지 자신만을 위한 시간인 것이다.

그 편지를 부칠 필요는 없다. 편지는 어렸을 때 무엇을 원했는지 들여다볼 수 있게 도와줄 뿐이다. 존 브래드쇼는 워크숍에 참여한 한 참가자의 편지를 예로 든다. "엄마, 엄마는 늘 자선활동에만 푹 빠져 있었죠. 나에게 사랑한다는 말을 해줄 시간조차 없었어요. 내가 아플 때나 피아노를 칠 때만 관심을 보이고 자랑스러워했죠. 또 엄마의 구미에 맞는 감정만 표현할 수 있도록 허락했어요. 엄마에게 기쁨을 줄 때만 나를 중요하게 여겼죠. 엄마는 한 번도 나를 그대로 받아준 적이 없어요. 난 얼마나 외로웠는지 몰라요……"

여기서 언급한 방법 중 하나라도 시도해본다면, 내면의 아이와 한층 가까워질 수 있다. 그 아이가 무엇을 바라고 필요로 하는지 깨달을 수 있다. 그리고 다행히 어른이 된 나는 그 결핍을 치유할 수 있는 능력이 있다. 아무튼 어린 시절 겪었던 그 모든 아픔이 이제는 다 지나간 과거가 아닌가. 직업적으로도 나름 성공을 거두었고 돈도 어느 정도 모아두었을 뿐 아니라 자신의 의지와 취향에 맞춰 살고 있으니 말이다. 어른으로서 내가 이룬 것들을 과거의 장소나 사진 속에 살고 있는 어린 나에게 돌려주자. 달라진 상황을 설명해주고 현재 할 수 있는 일들을 보여줘야 한다. 내면의 아이가 아쉽게 놓친 것들을 선물해주자. 사랑과 관심, 호의와 지지, 멋진 친구들과 물질적 지원, 교육의 기회와 휴식, 그리고 아이의 감정에 진심으로 귀기울여주는 것. 앞으로도 그 아이가 원하는 것에 대해 충분히 관심을 기울이겠다고 약속해주자.

내 안의 나: 부모 자아, 어른 자아, 어린아이 자아　　●
⋮

내면의 아이는 미국 정신의학자 에릭 번Eric Berne 이 개발한 교류분석transactional analysis 모델을 활용해서도 만날 수 있다. 에릭 번에 의하면 인간에게는 다양한 측면이 있으며 따라서 교류할 때도 다양한 반응이 나타난다. 그는 모든 사람은 세 가지 자아 상태로 구조화돼 있다고 설명하는데, '부모 자아'와 '어른 자아', 그리고 '어린아이 자아'가 그것이다. 우리가 타인과 소통할 때 이 세 가지 상태가 번갈아 나타난다고 한다.

- **부모 자아**: 마치 부모가 아이를 대하듯 다른 사람에게 행동할 때가 있다. 보살피려들거나, 혹은 엄격하게 대하거나 비판적으로 구는 태도가 이에 속한다. 양육적 부모 자아는 대체로 다독이고, 칭찬하고, 불안해하거나 보호하려 하고, 이해하려는 행동으로 나타난다. 기침하는 동료에게 다정한 목소리로 "기침이 심한 것 같은데, 차라도 한잔 끓여줄까요?"라고 말을 건네는 것은 양육적 부모 자아다. 반면 비판적 부모 자아는 평가하고 판단하며, 꾸짖고 금지시키며, 고압적이고 독선적이며, 질책하고 비꼬는 태도로 나타난다. "넌 ~해야만 해" "넌 반드시 ~하는 게 좋겠어"라는 표현이 대표적이다.
- **어른 자아**: 어른 자아는 짧고 명료하게 설명 가능하다. 이 상태에 있을 경우 우리는 신중하고 침착하게 행동한다. 자료를 수집하고 계획하며, 감정에 얽매이지 않고 개방적이며, 맡은 일에 집중한다. 다른 사람을 대할 때도 객관적인데, 이런 식이다. "유르겐씨, 내일 오후까지 파일이 필요한데요. 제 책상 위에 가져다주실 수 있나요?"
- **어린아이 자아**: 우리 모두의 마음속에는 아직도 예전의 그

아이가 살고 있다. 여러 모습 중에서도 특히 순응적이고 불안한 모습이 그것이다. 어린아이 자아는 얌전하게 행동하고, 죄의식이나 두려움으로 뒷걸음치는 모습을 보인다. 이러한 상태에서는 매사에 불안해하고 확신을 갖지 못하며 부담스러워하면서 진짜 감정을 숨기기 쉽다. 가령 불만에 가득찬 소비자가 전화로 당신에게 욕설을 퍼붓는다고 치자. 너무 당황한 나머지 괴로운 목소리로 "죄송합니다"만 연발한다면 순응적 어린아이 자아의 모습이라고 할 수 있다.

세 가지 자아는 다른 사람을 대할 때뿐 아니라 독백을 할 때도 드러난다. 소리 없이 자신과 대화를 나누는 일은 지극히 정상적이다. 확실히 인지하지 못할 뿐이지, 우리는 하루종일 자신과 대화한다. 이런저런 것을 고려하고, 계획하거나 재보고, 스스로를 칭찬하거나 꾸짖는다. 이렇게 해서 오랜 습성이 반복된다. 그런데 모든 사람이 똑같은 방식으로 내면의 대화를 나누지는 않는다. 어린 시절 상처를 입거나 버림받은 사람은 자주 순응적 어린아이 자아의 모습으로 혼잣말을 한다. 또 실패하거나 나약하게 보이는 것을 두려워한다. 게다가 부정적인 과거 경험 탓에 비판적 부모 자아도 크게 자리잡고 있다. 부모가 엄한 목소리로 야단치던 방식이 내면화된 것이다. 이런 내적 대화는 다음과 같이 이어진다.

비판적 부모 자아: (차갑게) 오늘 회의 때 아주 제대로 망신을 당했지. 네가 더듬거릴 때 사람들이 얼마나 이상하게 쳐다봤는지 아니?

순응적 어린아이 자아: (우울한 목소리로) 맞아요. 정말 엄청 부끄러운 일이죠.

비판적 부모 자아: (분노에 찬 목소리로) 도대체 어떻게 회의시간에 서류를 안 가지고 갈 수가 있어? 그러니까 그렇게 무능하지!

순응적 어린아이 자아: (체념한 목소리로) 나도 알아요. 이 일을 하기엔 난 너무 무능력한 인간이에요.

사실 우리는 이 같은 내면의 대화를 거의 알아차리지 못한다. 대부분 머릿속에서 저절로 생각들이 흐를 뿐이어서, 감정과 기분이 억눌려 있다는 사실을 깨닫는 것도 나중의 일이다. 교류분석 모델은 과거에서 비롯된 짐을 내려놓는 데 큰 도움이 된다. 이를 위해서는 조심스럽게 자신을 살펴봐야 한다. 비판적 부모 자아가 활동을 시작하면 곧바로 양육적 부모 자아나 이성적 어른 자아를 내세워 저항함으로써 문제가 커지지 않도록 한다. 물론 가끔씩은 자신에게 비판적인 질문을 던질 필요가 있다. 하지만 이 경우에도 흥분한 비판적 부모 자아 대신 객관적인 위치에 서 있는 어른 자아가 다음과 같이 물어보는 것이 좋다. "어떻게 하는 것이 좋았을까?"

오랜 습성을 바꾸기로 결심했다면, 순응적 어린아이 자아를 위로해줘야 한다. 이제부터라도 양육적 부모 자아나 객관적 어른 자아의 태도를 가지고 따뜻한 말을 건네기 시작한다면 가능하다. 그렇게 되면 대화는 다음과 같이 흘러갈 수 있다.

순응적 어린아이 자아: 오늘 회의에서 조금 망신을 당한 것 같아.

양육적 부모 자아: 걱정 마. 그 정도 실수는 누구나 할 수 있어.

순응적 어린아이 자아: 하지만 모든 사람들이 나를 이상한 눈초리로 바라보던걸……

객관적 어른 자아: 그건 네 생각일 뿐이야. 내 경험으로는 다른 사람들은 나를 그렇게 관심 깊게 보지 않아.

순응적 어린아이 자아: 내 잘못이야. 서류를 놔두고 가다니.

객관적 어른 자아: 실수하면서 배우기도 하는 거지. 다음번엔 준비를 잘했는지 확실히 점검하면 돼.

순응적 어린아이 자아: (이미 어느 정도 진정이 됨) 그래도 기분이 아직도 우울해.

양육적 부모 자아: 그럼 영화나 보러 갈까? 기분이 좀 나아질 거야.

순응적 어린아이 자아: (위로를 받고서) 그래, 좋아!

두번째 대화에서는 전반적으로 분위기가 훨씬 밝아진 것을 볼 수 있다. 이런 방식을 통해 스스로 어린 시절 갖지 못했던 친밀하고 다정한 친구가 되어주고, 새로운 자아의 이미지를 만들어낼 수 있다. 이 같은 방법의 효과는 텍사스 대학교 심리학 교수 크리스틴 네

프Kristin Neff의 최근 연구 결과에 의해서도 증명된다. 그녀는 이러한 태도를 '자기자비self-compassion'라고 부른다. 그것은 자신이 필요로 하는 감정에 집중하고, 그 감정을 채워주는 일을 의미한다.

석탄 vs 다이아몬드, 다른 각도에서 바라보기 ●

어린 시절의 상처를 치유하는 또다른 방법은 다른 각도에서 바라보는 것이다. 유명인의 전기를 읽어보면 힘들었던 유년기와 청소년기의 경험을 교훈 삼아 성공을 거둔 경우가 많다. 록밴드 '가십'의 보컬리스트 베스 디토의 예를 보자. 베스는 혹독한 어린 시절을 보냈다. 일곱이나 되는 형제자매와 함께 캠핑카에서 생활하면서 비만에 시달렸으며 종종 학대까지 당했다. 오늘날 잡지들은 앞다투어 그녀의 어린 시절에 대한 기사를 싣는다. '베스 디토는 살아남기 위해 성공을 거두었다!' 디토가 쓴 자서전의 원제는 '석탄을 다이아몬드로Coal to Diamonds'다.

과거의 상처와 슬픔, 그리고 분노와 외로움을 장점으로 승화시킴으로써 석탄을 다이아몬드로 만들 수 있다. 실제로 부정적인 경험을 삶의 에너지와 특별한 감수성으로 승화시킬 수 있다는 사실이 여러 심리학 연구를 통해 밝혀졌다. 과거에 새로운 의미를 부여함으로써 과거의 고통을 좀더 고차원적이고 정신적인 수준으로 끌어올릴 수 있다. 그 결과 '자아회복력'이라고 부를 수 있는 저항력이 생겨난다. 이렇게 질문해보자. 과거의 슬픔은 나에게 무엇을 가져다주었는가? 유년기와 청소년기의 결핍을 통해 얻은 것들을 적어내려가다보면 그 속의 '다이아몬드'를 발견할 수 있다. 그 시절을 통해 넘어져도 다시 일어서는 끈기와 아파도 웃을 줄 아는 여유를 배웠을 수 있다. 혹은 과거의 경험을 살려 다른 사람의 말을 경청하고 상대의 마음을 헤아릴 줄 아는 사람이 되었을 수도 있다.

힘겨웠던 유년기와 청소년기가 가르쳐준 것들을 머릿속으로 그려보자. 당신이 가진 다이아몬드가 진짜라는 사실을 믿자. 누구도 그 보석을 빼앗을 수는 없다. 세월이 지날수록 보석은 더욱 빛을 발할 것이다. 어려움을 전혀 겪지 않고 살아온 사람은 고난이 닥쳤을 때 극복하지 못할 가능성이 높다. 성숙함이나 안정감 같은 힘이 부족하기 때문이다. 반면 당신은 어려운 상황을 어떻게 헤쳐가야 할지 알고 있다.

'오래된 나'와 작별하는 법 ●

감정적으로나 정서적으로 스스로를 알아서 돌보는 데 익숙해지면 독립적인 사람이 될지는 모르지만, 다른 한편으로는 외로움이 커질 수 있다. 나를 보살피는 사람은 오직 나뿐이라는 사실 때문이다. 그럴 때는 친척이나 친구 등 주변 사람들에 눈을 돌려보자. 내가 그리워하는 엄마나 아빠 같은 성격을 지닌 사람은 누구인가. 나이는 상관없다. 배려심이 깊고 다정한 성격을 가진 젊은이도 많으니 말이다. 최근 힘든 일을 겪었을 때, 아스트리드라는 친구에게 전화를 걸어 하소연했다. 아스트리드는 나보다 열 살이나 어리지만 곧바로 상담실로 찾아와 엄마처럼 위로해줬다. "당신에게 필요한 건 휴식이군요." 둘이서 길모퉁이의 작은 식당에 앉아 카푸치노를 마시는 동안 세상은 한결 밝아져 있었다.

다정하면서도 힘을 줄 수 있고, 나를 믿고 기다려주는 사람을 신중하게 선택할 필요가 있다. 그런 사람을 찾을 수 있다면 내면의 아이가 활짝 피어날 것이다. 한편으로는 고통스러운 깨달음을 얻을 수도 있다. 내 부모님이 타인보다도 내게 관심이 없다는 사실 말이다. 다 큰 어른이 되어서도 우리는 종종 어린 시절에 받지 못한 부모의 관심과 사랑을 그리워한다. 쉰이 된 한 중년 여성은 임종을 앞둔 어머니가 "난 널 사랑하고 네가 자랑스러워"라는 한마디를 해주기를 얼마나 헛되이 기다렸는지 고백했다. 물론 어떤 부모는 나이가 들어감에 따라 변하기도 한다. 만약 그렇다면 당신에게는 커다란 행운이다. 하지만 대체로 사람은 잘 변하지 않으며 희망은 거듭 좌절되기 마련이다. 따라서 평생 환상을 좇기보다는 차라리 다른 사람을 통해 희망을 찾으라고 조언하고 싶다. 심리학에는 재부모화re-parenting라는 개념이 있다. 다소 불편하게 들리는 개념이긴 그것의 진정한 의미는 이런 것이다. 어린 시절 부모로부터 받지 못한 것을 다른 사람을 통해 보상받는다. 이것이 어쩌면 좀더 현명한 방법일지 모른다.

오래된 감정을 무시하지 않는 일은 아주 중요하다. 그러려면 마음속에 과거를 위한 공간을 비워두는 것이 좋다. 하지만 어느 순간이 되면 그 상태를 벗어나야 한다. '이제 난 괜찮아!'라고 선언한다고 해서 다시는 고통을 겪지 않거나, 전문가의 도움이 필요 없어지는 것은 아니다. 상처는 평생 동안 내면에 웅크리고 있으며 아무리 치유되었다고 할지라도 또다시 곪아터질 수 있다.

스물아홉의 은행원 레오니는 삶에 불만이 많았다. 공부를 계속하고 싶었으나 지원해주지 않은 부모에게 아직도 화가 나 있었다. "그러다 결혼하면 다 그만둘 거 아니냐." 아버지는 그렇게 말했고 엄마는 거기에 반대 의견을 내지 않았다. 하지만 레오니의 반만큼도 공부에 관심이 없던 남동생에게는 온갖 교육의 기회를 다 퍼주었다. 동생은 몇 학기 동안 연극과를 다니는 둥 마는 둥 하더니 이내 때려치우고 광고회사에서 일을 시작했다. 물론 이런 일이 레오니에겐 쓰디쓴 경험이겠지만, 그렇다고 평생 동안 부모의 부당함을 비난하고 부모에게 실패에 대한 책임을 전가하는 것은 옳지 않다. 그보다는 과거의 결핍을 받아들이고 이제부터 무엇을 할 것인지 생각하는 편이 훨씬 현명하다. 가령 레오니의 경우 일을 하면서 학업을 병행하는 것도 좋은 선택이 될 수 있다.

과거와 결별하는 가장 좋은 방법은 관련된 사람들을 용서하는 것이다. 그렇다고 온 세상이 장미꽃과 햇살로 가득차 있는 듯 행동할 필요는 없다. 고상한 태도로 "모든 것을 용서하고 잊어버렸어"라고 말하는 사람을 나는 잘 믿지 못한다. 특히 어린 시절 무시당한 경험을 쉽게 용서해버리는 듯한 태도는 참을 수 없다. 꽃다운 십대에 어린 동생을 돌보느라 청소년기를 제대로 누리지 못한 것이 슬프지 않을 리 없다. 과거에 일어난 일을 제대로 이해하고 깨달아야만 비로소 마음속 응어리를 풀고 자유로워질 수 있다. 모든 일을 있는 그대로 보고, 분노와 슬픔을 마음껏 발산하고 나면 책임져야 할 부분을 받아들일 수 있다. 현재 자신이 가진 문제의 뿌리를 알면, 그 뿌리를 뽑을 수 있는 힘도 생겨난다. 그렇게 될 때 진정으로 "과거는 나에게 이미 지난 일이야"라고 말할 수 있지 않을까.

3장

지금 내가 쓰고 있는
가면은 사실……

외로움의 가면

● 　　　카페나 지하철에 앉아 책을 읽고 있는데, 누군가
다가와 무슨 책인지 물어본다고 가정해보자. 낯선 사람에 대한 경
계심 때문이 아니더라도, "외로움에 대한 책입니다"라고 선뜻 말할
수 있을까? 가까운 사람에게도 외로움을 느낀다는 사실을 솔직히
털어놓기란 결코 쉽지 않다. 나약하거나 감정적인 사람처럼 비칠
까 염려스럽기도 하고, 내가 느끼는 기분을 온전히 이해받기 어려
울 거란 생각도 들기 때문이다. 물론 마음속으로는 이렇게 말하곤
한다. "누구나 외로움을 느껴. 내가 느끼는 외로움은 나란 사람의
가치와는 전혀 상관없어." 하지만 심장은 그 외침을 종종 듣지 못
한다. 쪼그라든 심장은 이렇게 속삭인다. "외로움을 느끼다니 부끄

러운 일이야." 따라서 다른 사람에게 이러한 '흠'을 감추기 위해 최선을 다한다. 하지만 외로움을 숨기는 데 급급하기보다는 왜 이런 숨바꼭질이 필요한지 물어볼 필요가 있다. 어째서 외로움은 이토록 외면당하고 감춰지는 걸까?

외로움은 왜 이토록 나를 뒤흔드는 걸까   •

아리스토텔레스는 인간을 사회적 존재인 '정치적 동물'이라고 불렀다. 인류학이나 사회학, 심리학의 연구 결과를 보면 그의 관찰이 틀리지 않았음을 알 수 있다. 사회성은 고대부터 이어져온, 모든 인간에 깃든 지적 유산이다. 인류의 출발점부터 인간은 타인에 의존해서 생존했다. 한 네안데르탈인이 뜬금없이 무리에서 떨어져나와 혼자 살아야겠다고 결심했다면 어떻게 됐을까? 아마 굶어 죽었거나 야생동물의 먹이가 되었을 것이다. 동족이 보호해줌으로써 생존을 이어가는 상황은 오늘날까지도 이어지고 있다. 돌봐주는 사람이 없다면 갓난아기는 생존하기 어려울 테니 말이다.

물리적 소속만큼이나 중요한 것은 정신적 소속감이다. 우리 모두는 소속될 수 있는 단체나 집단을 필요로 한다. 무리에 속함으로써 여러 정신적 욕구를 충족할 수 있고, 또한 단체는 나 자신의 정체성을 형성하는 데에도 커다란 영향을 미친다. "넌 아주 잘하고 있어"라고 평가해주는 타인을 통해 한결 쉽게 스스로를 인정하고 받아들일 수 있다. 또한 우리는 특정 단체에 소속됨으로써 안정감을 느낀다. 단체는 정신적·육체적 고향의 역할을 하곤 한다. 좋지 않은 일이 생겨도 위로해주고 함께해줄 누군가가 있다. 기쁨과 성공을 나눌 사람들이 있는 것이다.

외톨이가 된다는 것은 타인과의 친밀감과 안정감, 그리고 상호 소통에 대한 기본적인 욕구를 충족시키지 못하고 무리의 바깥에서 서성인다는 의미다. 여기서 오는 결핍은 다른 욕구 불만처럼 이해나 성찰을 통해 쉽게 극복되는 것이 아니다. 그 결핍은 인간의 깊은 곳을 관통하는 본질을 건드리기 때문이다. 내적 교류를 포함해 타인과 친밀한 접촉을 하는 한, 거기서 비롯된 사랑과 애착으로 힘든 현실을 견딜 수 있다. 하지만 혼자일 때는 현실이 더 고통스럽게 느껴진다.

외로움은 왜 약점처럼 여겨질까

의식적이든 무의식적이든 외로움을 표출하면 어떤 영향이 발생한다. 타인의 연민을 받는 일은 그나마 긍정적인 결과에 속한다. 대개는 오히려 사람들의 '탈출 욕구'를 자극한다. 대부분 사람들은 외로운 사람을 보면 멀리하고 싶어한다. 그 이유는 여러 가지다.

외로움은 결속을 위협한다

한 가지 이유는 사회적 환경에서 비롯된다. 결속력을 유지하기 위해서 구성원은 규칙을 잘 지키고 적응해야 한다는 것은 집단의 불문율 중 하나다. 규칙에서 벗어나는 개인은 결속을 위협하는, 귀찮거나 유해한 존재로 여겨질 수 있다. 따라서 집단은 그런 개인을 배척하는 성향을 보이는데, 종종 비신사적인 방법이 동원되기도 한다. 직장에서 은근히 따돌림을 당하거나 가족에게 골칫덩어리 취급을 받는 것이 그 예다.

외로울 때 대개 우리는 외부에 신호를 보낸다. 물론 외롭다고 해서 모든 사람이 우울한 에너지를 한껏 내뿜거나 시도 때도 없이 눈물을 흘리지는 않는다. 하지만 외로움의 강도가 심하다면 다른 사람도 눈치챌 수 있다. 예를 들어 파티장에 홀로 서서 민망한 듯 와인잔만 만지작거리고 있는 사람을 본다면, 누구나 그의 마음을 쉽게 알아챌 것이다. 외로움은 종종 미묘한 방식으로 표현되기도 한다. 지나치게 폐쇄적인 몸짓이나 비관적이고 불신에 가득찬 말투, 혹은 타인에게 집착하는 태도 등이 그것이다. 이러한 모습을 접하면 사람들은 정확한 이유는 알지 못하더라도 왠지 불편함을 느끼고 뭔가 잘못되었다는 사실을 감지한다. 외톨이는 서로 별 문제없이 어울리는 사람들에 비해 좀 다르게 보인다. 마치 '조심하시오. 외톨이가 나갑니다'라고 적힌 간판을 들고 다니는 것 같다고 할까. 외로움이 이들을 더욱 이방인으로 만드는 셈이다.

'죽을 것 같은 외로움'이란 표현

사고를 목격하거나 전해 들고, 아는 사람이 갑자기 병으로 쓰러졌다는 소식을 접하면 자연스럽게 자신의 입장에서 생각해보게 된다. 나에게도 얼마든지 일어날 수 있는 일이기 때문이다. 외로움도 마찬가지다. 외로운 사람을 보면 그에 대한 염려도 들지만, 동시에 나도 그렇게 될 수 있다는 생각에 겁이 나기도 한다. 자신도 외로움에 영원히 면역되지는 않았다는 사실을 문득 깨닫는 것이다. 즉 타인의 외로움을 통해 자신의 허약함을 인지한다고 할 수 있다.

나아가 죽음에 대한 상념에 빠지기도 한다. '죽을 것 같은 외로움'이란 표현이 괜히 있는 게 아니다. 우리 모두는 언젠가 죽는다. 아무리 주위에 소중한 사람이 많다고 해도 결국은 혼자만의 길을 가야 한다. 내적·외적 외로움은 이런 경험을 통해 점점 커진다. 마지막엔 나 혼자뿐이라는 사실을 직면하는 것은 괴로운 일이다. 그렇기에 다른 사람의 외로움을 받아들이기가 그토록 어려운 것이다. 타인의 외로움을 통해서 우리는 지금까지 애써 외면했던 자신의 외로움과 마주친다.

또한 타인의 외로움은 부담감과 죄의식을 안겨주기도 한다. 무언가를 해줘야만 할 것 같은 기분에 시달리기 때문이다. 솔직히 말하자면 그것은 진정한 연민에서 우러났다기보다는 일종의 의무감에서 비롯되었다고 할 수 있다. 하지만 직접 나서기도 부담스럽다. 가능하다면 심리학자나 상담사 같은 전문가에게 맡기고 싶은 마음이 강하다. 그걸 비난할 수는 없다. 누군들 타인의 문제로 시달리고 싶겠는가. 게다가 마음 한구석에서는 그것이 일시적인 외로움이 아닐 것 같다는 예감이 슬며시 고개를 내민다. 만약 외톨이 동료에게 영화를 보러 가자고 하면 그다음부터 그가 나에게 의지할지도 모른다는 걱정이 든다. 같이 맥주라도 한잔하고 나면 식사도 종종 함께 해야 할 것만 같다. 물에 빠진 사람이 인명구조원에게 매달리듯이 그가 나에게 매달릴까봐 두려워진다. 그래서 아예 시작조차 하지 않는 경우가 많다. 나도 실은 그다지 사교적인 인간이 아닐 뿐더러, 의도치 않게 너무 많은 것을 내주게 될까봐 걱정스럽기 때문이다.

우리는 모두 '가면'을 쓰고 있다 ●

외로움을 드러내기를 주저하는 데는 여러 이유가 있다. 기본적으로는 자기보호 본능이 작용하기 때문이다. 외로운 상태를 무시하거나 그로 인한 책임을 떠넘기기 위해 우리는 다양한 방법을 동원한다. 외로움을 부정하는 방법 중 하나는 합리화다. 자신이 외로운 이유를 주변 상황이나 다른 사람들 탓으로 돌리는 것이다. 외로움을 인정하고 싶지 않은 우리는 '가면'을 씀으로써 외로움을 감추기로 결정한다. 가면은 보통 가짜와 같은 부정적 어감을 지닌다. 하지만 여기서 말하는 가면이란 그리스나 일본의 연극, 혹은 종교 의식에서 특정한 역할을 위해 사용하는 가면을 일컫는다. 〈브이 포 벤데타〉나 〈오페라의 유령〉 혹은 〈조로〉 같은 영화를 보면, 가면은 주인공을 보호하기 위한 도구다. 그들에게 가면이 없었다면, 번번이 무시당했을지 모른다.

우리 모두는 다른 사람과의 관계에서 가면을 쓰고 있다. 사회적 관계를 맺는 일이 늘 쉽지만은 않기 때문에 가면의 도움을 받아 태도를 조율하곤 한다. 사실 언제 어디서나 내면을 드러내고 살아야 한다면 스트레스가 상당할 것이다. 이를 표현한 격언도 있다. "항상 열어놓고 있는 사람은 잘못된 길로 들어서기 쉽다." 이 때문에 내밀한 감정을 가면 뒤로 감춘다.

우리가 선택하는 가면은 자신과 동떨어진 것이라기보다는 실제 성격의 한 부분이라고 볼 수 있다. 특히 자주 사용하는 가면은 성격의 단면을 드러낸다. 보통 무의식적으로 자신에게 가장 잘 어울리는 가면을 선택하기 때문이다. 어떤 형태로 자신을 드러내는가는 각자의 능력이나 기질, 혹은 삶의 조건과 관련돼 있다. 어떤 사람은 쿨하고 지적인 모습의 가면을 쓰고, 또 어떤 사람은 순진하거나 활달한, 혹은 위트 넘치는 가면을 쓴다. 어떤 사람은 신사로 보이고, 또 어떤 사람은 위대한 인물로 보인다. 자상하고 따뜻해 보이는 사람도 있고, 귀족적으로 보이는 사람도, 친절해 보이는 사람도 있다. 성격이 유연한 사람이라면 그때그때 필요에 따라 가면을 바꾸어 쓸 수도 있다.

필요에 따라 원하는 가면을 쓰는 법

사회적 가면을 필요에 따라서 바꾸어 쓰고 싶다면, 다음과 같은 연습을 해보자. 이를 통해서 다른 사람에게 보여주는 자신과 스스로 자각하는 자신이 다르다는 사실을 좀더 확실히 알 수 있다. 연습할 때는 각 단계를 건너뛰지 말고 꼼꼼하게 진행해야 한다.

- 누구로부터도 방해받지 않을 조용한 장소를 찾아서 편안하게 앉는다.
- 눈을 감는다.
- 의식적인 노력 없이 자연스럽게 콧구멍을 통해 들고 나는 숨을 느껴본다.
- 두 손으로 얼굴을 감싸고 느껴본다. 느긋하고 편안하게 얼굴에서 손을 뗀다.
- 주변 사람들에게 보여주는 표정이나 얼굴을 떠올려본다. 즐거운 표정인가, 자주 웃는가? 아니면 주로 무표정한가? 혹은 입

꼬리를 늘어뜨리고 침울한 표정을 자주 짓는가?

- 자신의 얼굴이 그중 한 가지 표정을 짓고 있다고 상상해보자. 실제로 그런 표정을 지을 필요는 없다.
- 이 표정을 본떠서 종이 반죽으로 가면을 만든다고 상상해보자.
- 10센티미터 정도 거리를 두고 가면으로 얼굴을 가리는 상상을 해보자.
- 가면 안쪽의 진짜 얼굴은 어떤 느낌인지 상상해보자. 아마 표정이 일그러지는 것을 느낄 수 있을 것이다. 피곤하거나 우울한 느낌이 들 수도 있다. 혹은 분노나 짜증이 날 수도, 뻣뻣해지거나 유머감각이 생기는 기분이 들 수도 있다. 모든 게 가능하다.
- 가면 안에서 일어나는 변화를 실컷 느껴보자.
- 자, 이제 가면을 얼굴 위에 직접 써보는 상상을 하자. 가면이 부드러워지면서 피부로 변하는 느낌이 들 것이다. 가면과 가면 뒤의 얼굴이 하나로 녹아드는 것이다.
- 얼굴을 부드럽게 손으로 쓰다듬으며 마사지한다.
- 두 손바닥을 세게 문지르면서 깊이 호흡한다.

나는 지금 어떤 가면을 쓰고 있을까

가면에는 여러 사회적 기능이 있는데, 그중 하나

가 외로움을 감추기 위한 것이다. 고립감을 숨기기 위해 가면을 쓰고 다닌 시간이 길면 길수록, 그 가면은 자신 속에 깊이 녹아든다. 내면을 들키지 않기 위해 의식적으로 쓰던 가면이 어느새 진짜 얼굴이 되어버리기도 한다. 이제는 자신에게조차 거짓말을 하는 셈이다. '위험은 깨닫게 되면 위험이 아니다'라는 말이 있다. 이러한 위험을 너무 늦게 깨닫는 상황을 피하려면, 외로움의 전형적 가면이 무엇인지를 알아야 한다.

'이렇게 정신없이 바쁜데 외로울 틈이 어디 있어?' 일중독자 가면

일을 최우선순위에 놓고 사는 사람은 내면의 순수한 느낌을 무시하는 경우가 많다. 치열한 경쟁사회에서 일중독자들은 표면적으로 확실히 인정받곤 한다. 일에 모든 것을 다 바치니 말이다. 그러므로 다른 사람과의 접촉이 없는 현실도 이해할 만하다. 심각한 일중독자는 남녀를 가리지 않고 회사 사무실이나 병원 진료실을 침실로 삼는다. 시간 외 근무는 기본이다. 휴가를 쓰는 데도 매우 인색하다. 설사 휴가를 가더라도 노트북과 스마트폰, 그리고 중요한 서류 등을 챙겨서 호텔방을 사무실로 만들어버린다. 보통 때는 사무실에서 하던 일을 휴가 때는 호텔방에서 할 뿐이다. 회사 경영자가 일중독자라면 스스로에게 요구하는 사항을 고용인들에게도 요구함으로써, 고용인들의 사생활을 무시하고 방해할 수 있다. 일중독자 상사를 둔 지인은 항상 별일 없이도 퇴근 시간이 한 시간 지나서야 퇴근할 수 있다며 불평했다. 그동안 중요한 전화가 걸려올 수도 있다는 이유였다. 하지만 그런 일은 한 번도 일어나지 않았다. 일중독자 가면을 쓰면 그 사람은 훨씬 유능해 보인다. 그는 정신없이 바쁜 삶을 살아감으로써 충족되지 못한 휴식과 안전을 갈망하는 마음을 숨긴다.

일중독자 가면 중 한 형태로 '활동의 가면'이 있다. 내 상담실을 찾아온 사람 중에는 왕성한 활동으로 외로움을 숨기는 광고 전문가도 있었다. 그는 듣기만 해도 벌써 지치는 수많은 취미를 자랑했다. 우선 새벽에 일어나서 알스터 강을 한 바퀴 뛴 다음, 개인 트레이너와 함께 피트니스 프로그램을 마친다. 낮 동안에는 에이전시를 통해서 저녁 일정을 미리 정해놓는데, 친구들과 포커게임을 하거나 자정이 다 되도록 술집을 전전하며 노는 식이었다. 주말에는 할리데이비슨을 타고 발트 해 쪽으로 드라이브를 가기도 했고, 차를 몰고 여러 행사가 벌어지는 베를린에 다녀오기도 했다. 그랬다. 언제나 분주하게 뭔가에 빠져 살았기 때문에 외롭다는 사실을 느낄 틈이 없었고, 다른 이들도 그것을 전혀 눈치채지 못했다.

'내 페이스북 친구가 몇 명인데!' SNS 가면

외로운가? 절대 그럴 리 없다. 페이스북에는 엄청난 수의 친구들이 있다. 새로운 소식이 궁금하면 인터넷에 접속만 하면 된다. 또 트위터나 인스타그램 등을 통해 온갖 사람들과 소통한다. 이런 방식을 통해 다른 사람들의 삶에 끊임없이 참여할 수 있다. 스마트폰만 있으면 카페에 혼자 앉아 캐러멜 마키아토를 마시면서 어색하게 주위를 두리번거리지 않아도 된다. 아무도 당신이 만날 사람이 없다는 사실을 눈치채지 못할 것이다. 개인적으로 연락하는 사람이 없다 하더라도 문제되지 않는다. 집에서 컴퓨터 앞에 앉아 사람들과 이야기를 나누는 편이 훨씬 더 쉽고 근사하다. 배우 스칼렛 요한슨은 인터뷰에서 다음과 같이 말했다. "오늘날 우리는 점점 더 많은 것을 타인과 공유하지만, 점점 더 외로워지고 있다. 친밀함을 나누는 방식이 뭔가 잘못된 것이다."

'내 도움을 필요로 하는 사람이 이렇게 많은걸……' 조력자 가면

이타주의라는 가면을 통해 자신이 꼭 필요한 사람이라는 환상을 만들기도 한다. 실제로 다른 사람에게 도움을 주려는 의도에서 비롯된 이타적 행동도 있지만 그저 외로움을 충족하기 위해 행하는 이타적 행동도 많다. '조력자 가면'을 쓴 사람은 얼핏 보기에는 전혀 외로워 보이지 않는다. 늘 돌봐줘야 할 사람들에게 둘러싸여 있기 때문이다.

이런 가면은 보통 여성들이 많이 쓰고 있다. 몇 시간이고 이야기를 들어주거나 남의 아이를 돌봐주거나 이웃집 화분에 물을 주거나, 이사하거나 집수리하는 친구를 도와준다. 회사에서는 없어서는 안 될 정신적 지주로 불리고 집에서는 노모를 돌보며 형제자매

간에 정기적인 모임을 주선하는 역할을 한다. 남자들은 이런 가면을 쓰는 경우가 적지만, 간혹 배고픈 이웃집 고양이에게 기꺼이 사료를 주거나 문제가 생긴 차를 견인해주는 성격 좋은 이웃집 남자가 있긴 하다. 실제로 얼마 전 혼자 있는 시간이 싫어서 여유가 생길 때마다 보수도 받지 않고 친구 커플의 집을 절반 넘게 지어준 한 남자의 이야기를 들었다.

내밀하게 살펴보면 다르긴 하지만, 조력자 가면과 비슷한 형태로 환심을 사는 가면이 있다. 그저 주목받고 싶어서 친구들에게 사탕이나 장난감을 사주는 아이들이 종종 있는데, 어른이 되어서도 이러한 상황이 비슷하게 유지되는 경우다. 인맥이나 명성, 이미지나 물질적 혜택과 같은, 다른 사람들이 원하는 것을 들어주기 위해 주변을 맴도는 사람이 있다. 이들이 원하는 대가는 오직 하나, 사람들이 자신의 존재를 알아주는 것이다.

다른 사람이 원하는 것을 무작정 퍼주는 사람은 이로써 얻는 '가짜 우정'에 만족한다. 공감할 만한 친구들에게 둘러싸여 있다고 자신과 타인을 속이는 것이다. 쉰두 살의 치과의사 마티아스는 예술 후원자다. 그는 젊은 화가들의 그림을 사 모으는 것으로 이들을 돕는다. 젊은 화가들은 대부분 수입이 곤궁하므로 그에게 재정적으로 의존할 수밖에 없다. 후원받는 젊은 화가들 중에는 마티아스에게 반기를 드는 사람도 있지만, 대체로는 그가 여는 지루한 만찬에 빠지지 않고 참석한다.

'난 남들과는 달라. 그래서 어울릴 수 없지.' 허영의 가면

남들과 다른 특별한 모습을 이용해서 괴짜의 가면을 쓸 수도 이 다. 이 가면을 쓴 사람은 시를 쓰거나 그림을 그리고 자유롭게 춤을 추거나 밀교를 접했을 수도 있다. 혹은 긴 여행을 떠나거나 어떤 철 학을 추구하거나 그도 아니면 좋은 집안에서 태어났다거나 하는 식 의 면모를 과시한다. 괴짜로 포장한 허영의 가면을 내세움으로써 자기는 그 누구와도 어울리지 않는다고 외친다. 하지만 실제로 그 같은 주장은 하나의 보호막일 뿐, 그 이면에는 외로움이 도사리고 있다.

서른여섯 살 파울은 오페라 가수가 되기 위해 어떤 노력도 하지 않으면서 자신을 '미래의 오페라 가수'라고 내세운다. 그는 영어 과 외와 수학 과외로 생계를 유지하지만 그 사실을 밝히기를 꺼려한 다. 사람들은 겨드랑이에 악보를 끼지 않은 파울을 본 적이 없다. 음악만이 인생의 전부인 그는 친구나 여성과 가깝게 지낼 시간조 차 없다. 마흔둘의 프리랜서 번역가 마를레네도 마찬가지다. 그녀 는 인도 아쉬람에서 몇 달 동안 지내며 명상을 배웠다. 현재는 대부 분의 시간을 정신적 수양을 하면서 은둔 상태로 지낸다. 그녀에 따 르면 그러한 삶을 고립된 삶이라고 부르는 사람은 정신적으로 수 양이 덜된 사람이다.

'제발, 날 도와줘.' 고슴도치 가면과 질병의 가면

다음 두 가지 가면은 같은 의미를 품고 있다. 두 가면 모두 자신을 주목해주고 외로움으로부터 구원해달라는 소리 없는 아우성을 의미한다. 하지만 불행히도 이들의 겉모습은 속내와는 완전히 달라서 원하는 바와는 정반대의 결과를 얻기 쉽다.

예컨대 고슴도치 가면을 쓰고 틈만 나면 가시를 세우는 사람이 있다. 책상 위에 잘못된 서류를 올려놓은 동료를 바보 취급하거나, 대기하는 시간이 길어지면 안내데스크 직원에게 분노를 터뜨리는 식이다. 계단에 쓰레기봉지를 놓아두었다고 이웃과 다투고, 공원에 개들이 많다고 동사무소에 수시로 민원을 넣기도 한다. 진짜로 성격이 나쁘다기보다는 누군가 본심을 알아주고 "그래도 난 당신이 좋아요"라고 감싸 안아주기를 바라는 경우가 많다. 그렇지만 고슴도치를 쓰다듬고 싶어하는 사람이 어디 있겠는가.

혹은 질병의 가면을 쓰고 끊임없이 고통을 호소하는 사람도 있다. 심한 두통 때문에 언제나 고문에 시달리는 듯한 얼굴로 사무실에 들어서는 변호사나 척추디스크에 시달리고 있어서 온갖 신경을 써주어야만 하는 엔지니어가 그 예에 속한다. 한동안은 사람들의 연민을 얻겠지만, 결국은 모두 지쳐서 나가떨어지고 만다. 물론 병치레를 많이 한다고 해서 그 사람이 꾀병을 부린다는 의미는 아니다. 두통이든 요통이든 괴로운 건 사실이다. 하지만 고통의 원인이 신체적 문제보다는 정서적 문제에 있을 가능성이 높다는 점을 이야기하는 것이다.

가면을 벗어던지는 순간, 당신에게 일어날 일   •

외로움의 가면에는 치명적인 단점이 하나 있는
데, 바로 이것이 아무것도 바꾸지 못한다는 사실이다. 오히려 가면
은 완전히 고착되어버릴 가능성이 더 크다. 외로움의 가면을 쓰는
행위는 이가 아플 때 진통제를 먹는 것과 같은 효과가 있다. 잠시
동안 고통은 가라앉지만 원인은 그대로다. 그러니 외로움에서 벗
어나고 싶다면 가면을 벗는 수밖에 없다. 환상에서 벗어나 냉정하
게 바라보자. 가면을 벗는 것은 쉬운 일이 아니다. 가면이 오랫동
안 익숙해진 행동 패턴의 일부로 자리잡고 있기 때문이다. 어쩌면
가면이 너무 딱딱하게 굳어서 도저히 벗을 수 없을지도 모른다. 심
각한 일중독이나 심리적 질환은 정신과적 치료를 필요로 한다. 하
지만 치료를 받는다고 해서 하룻밤 사이에 모든 것이 변할 거라는
기대는 금물이다. 몇 주 만에 성격을 통째로 바꾸는 일은 절대 불가
능하다. 그러므로 인내심과 조심성을 가지고 스스로를 대해야 한
다. 한걸음씩 나아가는 것이 가장 좋다.
일단은 제자리 뛰기부터 시작해보자. 처음부터 행동을 모조리
바꿀 필요는 없다. 그저 가면을 쓰지 않고 행동한다면 어떤 느낌일

지 상상해보는 것으로 충분하다. 거기서 더 나아가 달갑지 않은 행동과 작별하겠다고 마음먹는다. 가면을 쓰지 않았을 때의 상황을 보다 자세히 상상해보자. 가령 다른 사람들에게 과시하기 좋아하는 타입이라면, 주말엔 아무런 계획이 없다고 얘기하면 얼마나 홀가분할지 상상해보라. 조력자 가면을 쓰고 지내는 사람이라면 부탁을 거절하는 상황을 그려볼 수 있다. 이를 통해 앞으로 어떤 태도를 취해야 할지 보다 명확하게 판단할 수 있고, 변화에 한걸음 더 다가갈 수 있다. 가능하다면 자주 마음의 눈을 통해 상상해보자. 동시에 자신의 느낌을 세밀하게 관찰해보자.

두번째 방법은 가면과는 정반대의 행동을 실천에 옮기는 것이다. 규칙적으로 새로운 행동을 시도해보는 방식으로 작은 실험을 하는 것이다. 지나치게 무리할 필요는 없다. 처음에는 가볍게 시작하고 점점 난도를 높여가며 더 자주 실행해보자. 다음은 여러분을 위한 맞춤형 제안이다.

- **일중독자**라면 하루 일과를 가능한 정확한 시간에 마친다. 여유시간에는 무엇을 하고 싶은지 생각해본다. 짧은 여행을 계획하고 진정으로 원하는 것을 시도해본다. 가면과는 대비되는 삶을 선택했다면 집에서 느긋하게 저녁이나 주말을 즐겨보기로 한다. 외출을 자제하고 말하기보다는 듣는 일에 좀더 집중해본다.

- **SNS 가면**을 쓰고 외로움을 감추기보다는 오프라인 모임을 조직해본다. 취미가 같은 사람들이 모여 함께 요리를 하거나 합창을 하거나 와인 시음 등을 하는 소모임에 나가는 것도 좋다.

- **조력자 가면**을 거부하는 방법은 '한계를 설정'하는 것이다. 사람 좋은 성격을 이용해서 누군가가 덕을 보려 할 때는 확실하게 '아니요!'라고 말할 수 있어야 한다. 죄의식이 따르겠지만 그럭저럭 견딜 만할 것이다. 자신에게 도움되는 일을 한 것이기 때문이다.

- 지금까지는 **환심을 사는 가면**이 어울렸다면 이제부터라도 좋은 관계를 유지하려는 시도를 멈추어보자. 얼마간이라도 보상 없는 관계를 유지해보라. 사람들의 환심을 사려고 하기보다는 친구 없이 혼자 지내는 게 낫다. 그래도 곁에 남아 있는 사람이 누군지를 보자.

- **허영의 가면**을 벗고 싶다면 의식적으로라도 평범하게 행동하려 애써보자. 눈에 띄는 옷차림이나 특별한 언어 혹은 괴팍한 행동을 떨쳐버리는 것이 좋다. 그렇다고 화려한 겉치장을 포기하는 대신 우중충한 모습으로 돌변할 필요는 없다.

- **고슴도치 가면**을 벗고 신중하게 친구를 사귀는 방식을 시도해보자. 상대방의 행동에 즉각적으로 반응하기보다는 정말로 화낼 가치가 있는 일인지 먼저 자신에게 물어보자. 살날이 일 년밖에 남지 않았다고 상상해보라. 이렇게 사소한 일로 흥분하기

엔 너무 아깝지 않은가.

- **질병의 가면**을 쓰고 육체적 통증을 내세워서 숨어 있다면, 자신의 상태를 확실히 파악하기 위해 건강검진을 해볼 필요가 있다. 필요하다면 의사의 지시를 엄격하게 따른다. 육신의 괴로움에 대해 정신력으로 버티면서 다른 사람들에게 불편을 주지 않도록 노력한다. 내가 먼저 배려를 베풀다보면 그토록 바라던 긍정적인 관심을 받을 수 있을 것이다.

가면을 벗으려면 부담스러운 부분만 제거할 것이 아니라 제대로 된 작별을 해야 한다. 한때 삶을 지탱했던 조각과 완전히 헤어져야 한다. 외로움에 대항하기 위한 가면의 역할을 했던 행동 패턴이나 성향은 완전히 사라지지는 않는다. 단지 예전처럼 과장된 형태로 나타나지 않을 뿐이다. 일에 대해 과다한 의욕을 보이거나 지나치게 노는 데 집중하는 식의 행동 패턴이 이후에도 나타날 수 있다. 또 눈물을 흘리거나, 화를 터트리거나, 다른 사람이나 자신에 대해 지나치게 신경쓸 때도 있을 것이다. 하지만 이제는 이런 행동들이 실제로 도움이 된다. 지금까지 외로움을 숨기고자 써왔던 가면을 내려놓음으로써 더 커다란 힘이 생기는 것이다. 이로 인해 당신은 더이상 두려움이나 부끄러움에 사로잡히지 않는다. 이제부터 외로움에서 벗어날 수 있는 진정한 길을 찾을 수 있다.

4장

혼자가 되는
순간들

삶의 주기별 외로움

●　　　　　흔히 외로움의 원인을 개인적인 것으로 생각하지만, 꼭 그렇지만은 않다. 외로움은 살아가는 동안 겪는 삶의 특정 주기와 관련된 것일 수도 있다. 이는 특정 시기를 잘 넘기기만 하면 외로움을 극복할 수 있다는 점에서 반가운 이야기이기도 하다. 또 나뿐 아니라 많은 사람들이 비슷한 경험을 한다는 사실이 위로가 되기도 한다.

그런데 우리 모두가 피할 수 없는 삶의 주기가 정말로 있을까? 대답하기 쉬운 문제는 아니다. 물론 대부분은 인생에서 특별히 중요한 시기가 있다. 자신의 경험을 통해, 그리고 다른 사람들의 삶을 보면서 이를 확인할 수 있다. 하지만 주변을 둘러보면 어떤 사람은 별다른 일 없이 그저 물 흐르듯 살아가는 것 같다. 사춘기의 혼란도, 중년의 위기도, 노년기의 갈등도 겪지 않는 듯하다. 모든 사람이 실제로 특정한 주기를 거치는지에 대해서는 아직도 학계에서 의견이 분분하다.

누구나 외로움을 느끼는 특정 시기가 있다, 없다?

예일 대학교 심리학 교수 대니얼 레빈슨Daniel Levinson은 1960년대 말, 설문과 인터뷰, 그리고 평가를 통해 인생 주기라는 주제에 대한 연구를 시작했다. 연구 결과 레빈슨은 모든 사람이 살면서 겪는 필연적인 패턴이 있다고 주장하며 이를 인생의 사계절에 비유했다. 그에 따르면 모든 사람은 인생의 특정 시기에 구직이나 배우자 찾기 같은 의무와 도전과제를 짊어지게 된다. 또한 성인이 된 후 삶의 중요한 시기마다 예측과 걱정으로 가득찬 갈림길을 맞이하게 된다. 이 단계는 주로 17~22세의 성인 전기 전환기와 40~45세의 성인 중기 전환기, 그리고 60~65세의 성인 후기 전환기로 나눌 수 있다. 하지만 이 연구는 오직 남성에게만 해당되는 것이다.

오늘날까지 심리학에 많은 영향을 미치고 있는 발달심리학자 에릭 에릭슨Erik Erikson의 연구는 남성과 여성 모두를 대상으로 하고 있다. 에릭슨은 전 생애를 '영아기-유년기-유치기-아동기-청소년기-청년기-장년기-노년기'의 8단계로 구분하며, 각 단계마다 사회심리학적 갈등이 일어난다고 설명했다. 예를 들어 아동기에는 근면성과 열등감이 대립하고, 청년기에는 친밀감과 고립감이 서로 싸우게 된다. 에릭슨에 따르면 모든 사람은 각 단계마다 발생한 갈등을 다음 단계로 넘어가기 전에 해결해야만 한다.

이처럼 생애주기라는 이론을 발달시킨 연구자가 있는 반면, 그와는 완전히 반대되는 이론을 내놓은 연구자도 있다. 사회학자인 뉴욕 주립대학교 교수 마이클 패럴Michael Farrel은 중년 남성이 겪는 심각한 위기에 대해 연구했지만 별다른 결과를 얻지 못했다. 스탠퍼드 대학교 교수이자 심리학자인 앨버트 밴듀라Albert Bandura는 정해진 패턴보다는 우연이 더 큰 역할을 한다고 주장한다. 언제 직장을 가질지, 또 언제 결혼할지는 좋은 직장을 얻을 수 있는 기회나 멋진 연인을 만날 수 있는 행운에 의해 좌우된다는 것이다. 메릴랜드 대학교 심리학 교수 낸시 슐로서Nancy Schlosser 역시 연구를 통해 생애주기 발달에 정해진 시간표란 없다는 결론을 내렸다.

진실은 중간에 있다

과연 어떤 주장이 옳은 걸까? 여러 이론을 점검하고 난 후 『오늘의 심리학Psychology Today』의 편집자 앤 로젠펠드Anne Rosenfeld와 엘리자베스 스타크Elizabeth Stark는 다음과 같은 결론을 내렸다. "인생에 일반적인 패턴이 있다고 믿으며 확실성을 추구하는 이들은 그와 모순되는 연구 결과에 좌절할 것이다. 그럼에도 불구하고 이들은 청년기와 장년기 사이에 아주 다양한 시나리오가 존재한다는 사실에는 충분히 동의한다." 다시 말해서 진실은 그 중간쯤에 있다는 뜻이다. 기존의 고정된 구조가 점점 해체되고 많은 사람들이 자유로운 결정을 하는 세상에서 경직된 분류방식은 더이상 유효하지 않다. 요즘엔 자녀 계획을 위한 적절한 시기가 따로 없으며 별도의 결혼 적령기도 없다. 하지만 특정한 시기에 충족시켜야 할 특정 요구사항이 존재하기는 한다. 만 6세가 되면 학교에 가야 한다거나 성년이 되면 부모 품에서 독립해야 한다는 것이 그 예다. 사춘기의 호르몬 분비라든지 폐경기같이 생물학적 요소에 의한 영향도 무시할 수 없다.

외로움을 야기하는 생애주기에 대해 논의한다고 해서 그것을 피할 수 없는 운명으로 받아들일 필요는 없다. 우리는 이전 세대보다는 생애주기의 경계가 모호하고 유연한 시대를 살아가고 있다. 하지만 우리는 경험을 통해서 외로움을 만드는 '전형적인' 상황이 있다는 사실을 안다. 나는 종종 세미나에서 소위 '인생 파노라마'라고 부르는 시간을 마련한다. 우선 참석자는 자신의 전 생애를 머릿속으로 훑는다. 그후 출생의 순간부터 현재까지의 삶을 그림으로 그린다. 기억 속에 남아 있는 형상을 어떻게 표현할지는 전적으로 당사자의 선택이다. 어떤 사람은 말풍선과 막대그림으로 표현하고 또 어떤 사람은 색깔이나 추상적 형태로 표현한다. 이러한 방식은 현재의 삶을 한눈에 볼 수 있게 할 뿐 아니라, 이름 그대로 '인생 파노라마'로서 삶의 과정과 연관성을 보다 정확하게 볼 수 있게 돕는다. 지금껏 본 수많은 그림을 통해 사람들이 외로움을 맞이하는 보편적인 주기가 있다는 사실을 알 수 있었다. 외로움이 더 자주 발생하는 특정한 위기의 시기가 있다는 뜻이다. 물론 그것이 확실하고 피할 수 없는 원인이라고 할 수는 없겠지만, 외로움을 발생시키는 동기 중 하나일 가능성은 충분하다.

이는 모든 사람이 특정한 나이에 겪게 되는 생애주기에 한정된 이야기다. 여기에는 자녀들을 독립시킨 엄마나 막 은퇴한 사람들이 느끼는 '빈 둥지 증후군'과 같은, 사회적 상황에 따른 주기적 외로움도 포함된다. 보편적인 삶의 주기에 대해 자각함으로써 지금 겪는 외로움이 특정 생애주기에서 비롯된 것은 아닌지 점검해볼 수 있다. 모든 주기마다 부정적 영향을 완화할 수 있는 유효한 전략이 있다.

사춘기, 누군가 필요한 동시에 누구도 필요 없는 시기　●

타임머신을 타고 열세 살에서 열여섯 살까지의 과거로 돌아가본다고 상상해보자. 주위를 둘러보라. 당신은 어디에 살고 있으며 곁에는 누가 있는가? 어떤 상황에 놓여 있는가? 무엇을 생각하며 느끼고 있는가?

운이 좋으면 과거로의 여행에서 행복한 장면을 만끽할 수 있을 것이다. 이해심 깊은 부모와 멋진 친구들 사이에서 어려움 없이 성장해가는 모습을 볼 수 있을지도 모른다. 하지만 이처럼 별 탈 없이 청소년기를 넘기는 것은 무척 드문 일이다. 대부분의 사춘기는 폭풍우의 시기다. 가족이란 안전한 품에서 아빠의 사랑스러운 딸 혹은 엄마의 귀한 아들로 남고 싶은 어린아이 같은 소망과 가족으로부터 독립하고 싶은 강한 열망 사이에서 찢겨나갈 것 같은 고통을 느낀다. 호르몬이 과다 분출되고 불안한 성적 에너지가 꿈틀대는 시기이기도 하다.

나는 누구인지, 스스로 묻게 되는 때도 이 시기다. 사춘기에는 또래 집단이 중요한 역할을 하는데, 친구들 틈에서 여러 모습을 시험하곤 한다. 그리고 끊임없이 다음과 같은 질문에 대한 답을 구한다. '나는 괜찮은 사람인가? 나는 이성에게 매력적인가?' 타인에게 한없이 다가가고 싶어하는 동시에 아무도 가까이 오지 못하도록 경계하기도 한다. 이 시기에 외로움을 느끼는 이유도 여기에 있다. 사춘기에는 자신을 이해해줄 사람을 열렬히 갈구하는 동시에 달팽이처럼 자신만의 은신처 속으로 기어들어간다.

사춘기의 기나긴 후유증으로부터 벗어나기

사춘기는 이미 오래전에 지났다. 하지만 그 당시의 외로움은 여전히 그림자를 드리운다. 아이에서 어른이 되는 취약한 시기에 겪은 외로움은 나중에도 그 영향을 미칠 수 있다. 가령 그 시기에 다른 사람에게 마음을 활짝 열었다가 안 좋은 경험을 했을 수 있다. 혹은 외모에 대해 생각 없이 비판하는 사람들 탓에 상처받았을 수도 있다. 이 때문에 지금도 말하고 느끼는 것, 혹은 믿는 것을 무시당하거나 매력 없는 사람으로 여겨질까봐 두렵다. 사춘기에 형성된 태도는 어린 시절에 형성된 태도만큼이나 우리를 외롭게 하는 요인이 될 수 있다. 다음 질문을 통해 사춘기가 이후의 삶에 미치는 영향을 짚어보자.

- 사춘기 때부터 이어져온 행동 패턴이 있는가? 예를 들어 자신의 의견을 내세우기 힘들어한다든가 사람들이 많으면 쉽게 위축된다든가 하는 행동.
- 그 당시에 형성되어 지금까지 영향을 미치는 고정관념이 있다면? 예를 들어 '남자는 여자의 외모만 본다'라든가 '여자는 항상 강한 남자를 원해'라는 생각.
- 그 당시에 내린 결론으로 현재까지 행동에 영향을 미치는 것이 있다면? 예를 들어 '망신당하지 않으려면 가만히 있는 게 좋아'라든가 '아무도 날 이해하지 못해'와 같은 결론.

사춘기에 형성된 태도로부터 자유로워지고 싶다면 더이상은 불안한 청소년이 아니라는 사실을 깨달아야 한다. 과거 학급 친구의 시선으로 여전히 스스로를 바라보면서, 외로움을 악화시키는 생각이나 느낌을 부여잡고 있을 이유는 없다. 당신은 이제 온갖 고정관념과 생각을 힘차게 뿌리칠 수 있는 사람이 되었다. 가령 사춘기에 '아무도 나를 좋아하지 않아'라는 생각을 했다면 지금은 이렇게 말할 수 있다. '그건 틀린 생각이야. 사귄 사람만 해도 벌써 몇 명이야. 게다가 요샌 옷도 잘 입고 자신감도 훨씬 커졌다고.' 낡은 태도를 새롭고 긍정적인 태도로 맞바꿀 수 있다면 과거의 괴로움도 결코 헛되지 않을 것이다.

청년기, 세상의 과도한 요구 속에서 고립되는 시기 ●

어른이 된다는 건 결코 쉬운 일이 아니다. 젊음을 숭배하는 문화가 이 시기를 종종 미화하곤 하지만, 인생의 초반기는 여러모로 힘겹다. 연애 문제나 전공을 선택하는 문제, 직업을 정하는 문제와 미지의 영역에서 경쟁하는 일, 자신에 대한 회의와 과대망상, 살던 곳을 벗어나 친구, 가족과 이별하는 일 등, 이 모든 변화의 아수라장 속에서 외로움을 느끼는 순간은 무수히 많다. 독일어 전공의 대학 신입생이던 시절, 나는 밤마다 친구들과 쾰른의 구시가지로 놀러다녔지만 다른 한편으로는 자취방 침대 모서리에 걸터앉아 세상을 비관하고 삶의 의미를 캐물으며 혼자 눈물짓곤 했다. 처음 독립해서 살게 되면 모든 것이 새롭고 신기한 동시에 낯설고 불안하기 마련이다.

새로운 출발점에 선 요즘 젊은이들은 정치적 해방이나 피임과 같은, 이전 세대들이 일구어놓은 많은 성과들을 누리게 되었다. 이들은 이전 세대에 비해 더 독립적이고 자신감이 넘치며 진취적이다. 하지만 그 이면에는 힘든 부분도 더 많다는 생각이 든다. 예컨대 이들에게는 좀처럼 실수가 허락되지 않는다. 잡지 『브리기테』는 '젊음과 외로움'이라는 제목의 특집 기사를 낸 적이 있다. 두 단어의 결합이 상당히 도발적인 의미를 담고 있다는 것은 기사의 도입부에도 언급되어 있다. "늙음과 외로움, 그렇다. 질병과 외로움, 맞다. 하지만 젊음과 외로움? 있을 수 없는 일이다." 이 기사를 쓴 사비네 빈센츠는 젊음과 외로움, 이 두 가지의 결합이 어째서 금기에 속하는지를 분석했다. "외로움이란 젊음에 대한 환상적인 그림으로 가득찬 광고나 젊은이들의 결속을 주장하는 사회의 이미지와 전혀 어울리지 않는다. 오늘날 이십대의 어깨를 짓누르는 요구는 거의 십계명과 같은 위력을 가지고 있다." 여기서 말하는 십계명과 같은 요구란 다음과 같다.

- 당신은 성공적이어야 한다.

- 당신은 스스로 독립할 수 있어야 한다.
- 당신은 건강해야 한다.
- 당신은 멋진 외모를 가지고 있어야 한다.
- 당신은 소유에 대한 올바른 태도를 가지고 있어야 한다.
- 당신은 단정한 옷차림을 해야 한다.
- 당신은 사람들로부터 호감을 받아야 한다.
- 당신은 훌륭한 인맥을 갖추고 있어야 한다.
- 당신은 행복해야 한다.
- 당신은 미친듯이 사랑에 빠져야 한다.

이십대들은 이런 이상적 요구에 발맞추어야 하지만, 그들을 기다리고 있는 것은 거친 현실이다. 환경은 파괴되고 실업률은 점점 높아져만 가며 가족은 점점 더 해체되고 있다. 새로운 미디어의 등장으로 삶은 더 복잡해졌다. 안전하고 예측 가능한 것은 거의 없다고 볼 수 있다. 고등학교 졸업장은 대학을 보장하지 못하고, 대학 졸업장은 일자리를 보장하지 못한다. 우리는 끊임없이 유연하게 대처할 것을 요구받는다.

요구가 많은 환경에서는 실패에 대한 두려움이 공존할 수밖에 없다. 기대에 미치지 못하면 쉽게 배척당한다. 다른 사람의 기대를 충족시키지 못한다는 걱정은 상대로부터 멀어진다는 느낌을 주며 이는 외로움으로 이어지기도 한다. 우리 사회는 청년들에게 지나치게 일찍부터 삶의 고삐를 쥐고 나아가기를 요구한다. 이제 겨우 스무 살의 청년에게 늙은이의 경험과 능수능란함을 요구하고 있는 것이다. 다른 일을 시도해보거나 실수해볼 시간은 주어지지 않는다. 이 어마어마한 요구를 사비네 빈센츠는 이렇게 요약한다. "서른 살까지 성공과 독립, 그리고 엄청난 행복을 얻지 못한 사람은 이 세상을 살아가기 어려울 것이다." 하지만 다음과 같이 위로하기도 한다. "하지만 조금만 둘러보면 그런 문제를 안고 있는 것이 혼자만은 아니라는 사실을 발견할 것이다."

조심스럽게 자신을 표현하는 용기 혹은 도전

젊음과 청춘에 가해지는 끔찍한 압박으로부터 벗어나야 한다. 또한 '나는 엄청나게 행복하고 건강하며 성공적으로 살고 있어'라며 보여주기에 집착하는 과시적 태도를 멀리할 필요가 있다. 거기서 얻은 사회적 관계는 진정한 만족감과는 상관없다. 우리를 더 외롭게 만들 뿐이다. 그보다는 진정으로 의미 있는 무언가에 매진하는 편이 낫다. 프라다에서 나온 비싼 '잇백it bag'을 들고 다니거나 베스파를 타고 다니는 게 유행이라고 해서, 좋아하지도 않고 필요하지도 않은 것들에 돈을 쓸 필요는 없다. 남들이 '헐, 대박!'이나 '왕짜증!' 같은 호들갑스러운 말투나 표현을 사용한다고 해서, 굳이 따라할 필요는 없다. 부풀려진 표현은 차분하고 다양한, 내면의 진정한 느낌을 가로막을 뿐이다.

생각이 비슷한 사람을 찾아보자. 짐작했던 것보다 훨씬 많은 이들이 있다고 확실하게 말할 수 있다. 나는 걸핏하면 '대박이야!' 같은 표현을 남발하는 청춘들을 자주 만난다. 이들은 느긋하고 자신감에 차 있으며 쿨하고 멋진 옷차림을 하고 있다. 하지만 좀더 깊은 대화가 오가고 내가 심리학자라는 사실을 알게 되면 근사한 앞부분에 감추어진 뒷면을 슬며시 드러낸다. 삶에 대한 희망과 사랑으로 가득찬 젊은이들이 동시에 커다란 불안과 의문을 품고 있는 모습을 보여줄 때마다 내 마음은 크게 움직인다. 요컨대 당신처럼 많은 친구들이 기대에 부풀어 있는 동시에 불안해하고, 떠들썩한 가운데 홀로 두려워하고 있다.

타인 앞에서 과장된 모습을 보이기보다는 진실한 느낌을 말하자. 그렇다고 속내를 완전히 발가벗은 채로 드러내보일 필요는 없다. 그저 조심스럽게 자신을 표현하는 것만으로도 충분하다. 그것조차도 당신에게는 커다란 도전이라는 사실을 안다. 거절당하거나 비웃음을 살 수 있는 위험을 감수해야 하기 때문이다. 하지만 솔직해지는 일은 다른 사람의 솔직한 모습을 볼 수 있는 중요한 기회이기도 하다는 사실을 기억했으면 좋겠다.

중년기,
'더이상 젊지 않고' '아직 노인도 아닌'

1970년대에 미국 사회학자 게일 쉬이Gail Sheehy 가 『시기: 성년의 예측 가능한 위기Passages: Predictable Crises of Adult Life』를 펴낸 이후, '중년의 위기'라는 용어는 '더이상 젊지 않고' '아직 노인도 아닌', 중간에 걸쳐 있는 힘겨운 시기를 표현하는 데 주로 사용됐다. 당시 게일 쉬이는 삼십대 중반에서 사십대 초반을 중년이라고 표현했다. 하지만 시간이 갈수록 그 시기는 조금씩 늦춰져서 현재 대부분의 사람들은 사십대 이후를 중년이라고 느낀다. 이에 따르면 중년이란 적어도 삶의 절반이 지나간 시기라고 할 수 있다. 물론 그렇다고 누군가 징을 울리면서 엄숙한 목소리로 "이제 당신의 절정기는 지났소"라고 선언하는 것은 아니다. 오히려 중년은 슬그머니 찾아온다. 지금까지는 원하는 모든 것을 할 수 있는 체력과 열정이 있었지만, 언젠가부터 조금씩 자신이 늙어가고 있다는 사실을 깨닫는다. 그 첫번째 신호는 대개 밖에서 시작된다.

- 피부가 예전처럼 탱탱하지 않고 눈 밑과 목이 처지지 시작한다. 흰머리가 생겨난다.
- 젊은 시절에는 문제없던 옷차림이 갑자기 어울리지 않는다고 느껴진다. 사십대가 되고 나니 야구모자를 써도 더이상 멋지지

않고 어색하게 느껴지며 목에 걸친 펜던트도 싸구려로 보인다.

- 일터에서도 자신이 더이상 가장 먼저 선택받는 사람이 아니라고 느낀다. 얼마 전 한 민영 방송국이 인기가 있건 없건 나이 많은 아나운서들을 모조리 내쫓고 젊은 아나운서들로 교체했다는 기사가 화제에 올랐다. 크게 눈에 띄지 않는 직종에서도 이런 현상이 일어나고 있다. 열정과 능력, 독창적인 아이디어로 무장한 젊은이들이 당신의 일자리를 노리고 있다.

- 아이들도 이제는 부모를 앞질러가기 시작한다. 테니스 게임에서 아버지를 누른 아들이 약간 거만한 목소리로 이베이의 구매 시스템을 설명해준다. 딸도 남자친구가 생겼고, 엄마와 같이 간 쇼핑몰에서 이런 말로 상처를 준다. "엄마, 그 원피스를 입기엔 엄마는 너무 나이들었어!"

- 꿈꾸던 것들이 이루어졌는지에 대해 자꾸 질문하게 된다. 이십대에 가졌던 포부에 비해 진짜 이룬 것이 무엇인가를 생각해본다. 대부분은 스스로에게 이런 질문을 하게 될 것이다. "나에게 쏟아지던 장미꽃들은 다 어디로 갔을까?"

놓아주기, 빠져나오기, 그리고 지키기

중년의 위기를 맞이하면 좌절감 속에서 고립되기 쉽다는 점이 문제다. 그렇다고 해서 중년의 삶이 곧장 위기로 이어지는 것은 아니다. 끊임없는 외로움으로 연결되는 것도 아니다. 하지만 이 시기가 노후의 삶을 결정할 수 있다는 점에서 우리의 선택은 매우 중요하다. 불안했던 젊은 시절과 달리 이제는 경험과 자신감이 있다. 이것을 잘 활용해야 한다.

첫째, 젊음을 놓아주기. 세월을 거스르려는 노력의 일환으로 주름살 제거 수술을 받거나 운동에 목매는 사람이 있다. 물론 최대한 멋지게 외모를 가꾸겠다는데 뭐라고 할 사람은 없다. 하지만 그렇게 한다고 지나간 젊음이 되돌아오지는 않는다. 마흔여섯의 뷰티 잡지 편집자가 한 말이 지혜롭게 들린다. "나는 내 나이를 인정한다. 하지만 난 멋진 외모를 가진 마흔여섯 살로 살고 싶다." 젊음과 작별하면서 느끼는 슬픔을 솔직히 인정하는 것이 현명하다. 이렇게 함으로써 수년 동안 우울하게 짊어지고 다니던 짐을 벗어던지고 자유로워질 수 있다. 또한 자신의 모습을 매력적으로 창조할 수 있는 기회를 갖게 된다.

둘째, 지나친 몰두에서 빠져나오기. 일이나 쾌락에 지나치게 몰두하는 것은 중년의 위기를 고작 몇 년 미루는 역할 이상은 해주지 못한다. 게일 쉬이는 이에 대해 날카롭게 지적한다. "사람들은 내면의 공허함을 들여다보는 것을 두려워하기 때문에 외모를 가꾸는 데 힘을 낭비하는 것이다." 스스로에게 휴식을 주자. 지나친 활동은 이익보다는 손해가 많다.

셋째, 변화에 대처하기. 적극적인 대처를 통해 내리막길을 가고 있다는 두려움을 물리칠 수 있다. 변화의 시점에서 다음과 같은 질문을 스스로에게 해보자.

- 나의 안과 밖에서 변화된 것은 무엇인가?
- 그 변화가 나에게 무엇을 의미하는가?
- 삶에서 성취하고자 하는 목표가 아직 있다면 그것은 무엇인가?
- 언제까지 목표를 이루고 싶은가?
- 그것을 위해 구체적으로 필요한 행동은 무엇인가?

넷째, 자신의 고유한 가치를 지키기. 우리 사회는 40세가 넘은 사람의 가치를 평가절하하는 일이 많다. 하지만 이런 취급을 그대로 받아들일지는 자신의 선택에 달려 있다. 최근 TV 프로그램에 나가기로 한 지적이고 매력적인 55세의 과학자와 대화를 나눈 적이 있다. 그녀는 고개를 갸웃거리며 말했다. "근데 내 나이가 되면 TV에는 더이상 어울리지 않는 것 같아요." 그녀가 그런 말을 하다니, 내 귀를 의심했다! 그녀 정도의 위치에 있는 사람이라면 새로운 유행의 전달자가 아닌 오랜 직업적 경험과 전문가적 식견을 가진 사람으로서의 가치가 더 높다. 외부의 시선에 휩쓸리지 말고 자신만의 철학을 토대로 스스로를 평가해야 한다.

노년기, 주변 사람들이 하나둘 떠나가는 시기 ●

언제부터 나이가 들었다고 할 수 있을까? 데이비드 보위가 쉰 살이 되자 기자들이 달려가 나이에 대한 느낌을 물었다. 보위는 아주 쿨한 태도로 답했다. "저는 여든이 되어야 비로소 나이가 들었다고 하는 중국 사람들과 생각이 같아요. 그들에 따르면 중년은 육십부터 시작되지요. 지금은 나에게 완벽한 시절이에요. 사실 서른 살 청년들에게 미안할 정도지요." 쉰에는 이처럼 느긋한 태도를 보일 수 있다. 하지만 일흔다섯이 된다면 상황은 약간 달라질 것이다. 나이에 따른 질병이 나타나기 시작하고, 동년배의 죽음도 점점 더 자주 접하게 된다. 가장 고통스러운 것은 평생의 반려자나 친구를 죽음으로 잃는 일이다. 또한 현대의 기술과 달라진 가치를 받아들이기도 쉽지 않다. 하지만 그 모든 현실에도 불구하고 외로움을 반기는 노인은 없다는 것을 과학이 증명해주고 있다.

함부르크의 심리학자 라인홀트 슈바프Reinhold Schwab 교수는 외로움에 대한 여러 연구를 통해 다음과 같은 결론을 얻었다. 노인들이 점점 사회적으로 고립되고 외로워져가는 환경이라고 해서 이들이 더 큰 외로움에 시달린다고 단정할 수 없다는 것이다. 사실 노인들은 젊은 사람들에 비해 평균적으로 외로움을 덜 호소한다. 또한 연구 결과는 나이드는 일이 외로움을 더 증가시키는 원인은 아니라는 사실을 보여준다. 미국의 심리학자이자 사회학자 베티 프리댄Betty Friedan은 나이에 따른 여러 변화에 대해 10년 동안 강도 높은 비판적 연구를 해왔다. 연구 결과, 노인들은 상대적으로 높은 정신적 · 육체적 · 사회적 기량을 가지고 있으며 이러한 능력은 단순히 소수 집단에만 한정된 것이 아니라는 점이 밝혀졌다.

"나는 일반적으로 활력을 잃고 질병에 시달리는 노년의 이미지와는 상반되는, 나이들어갈수록 점점 더 '활력'을 갖게 만드는 '노년의 샘물'(젊음의 샘물이라는 관용어를 살짝 비튼 표현—옮긴이)을 찾기 시작했다. 그러면서 피카소나 카살스 혹은 아인슈타인과 같은 천재들뿐 아니라 가까운 친구들이나 이웃들도 지금까지와는 다른 태도로 노년의 현실을 맞이하고 있다는 사실을 알게 되었다. 노년의 시들어가는 이미지가 아주 강하게 내면화된 나머지 처음에는 이들이 예외에 속한다고 단정했다. 하지만 나이에 대한 사회적 편견과 언론의 무시, 적대적인 사회환경으로 인해 노인들의 능력을 개발하고 키우는 것에 많은 방해와 장애가 있음에도 불구하고 뛰어난 능력을 가진 노인들을 어디에서나 볼 수 있다."

베티 프리댄의 이 같은 생각은 최근 연구에서도 확인되었다. 『슈피겔』은 노년에 대한 전형적인 통념을 깨는 연구 결과를 소개했다. 노인들은 더이상 아무 일도 하지 않은 채 요양원 TV 앞에서 시간을 낭비하지 않는다. 현대 의학과 건강에 유익한 생활습관 덕분에 팔십대 노인들도 자신의 집에서 생활하면서 여러 사회적 활동을 하고 있다. 예를 들어 여든여덟 살 잉게 부르크는 회사 관리자와 같은 삶을 영위하고 있다. 그녀는 민원상담소에서 일하면서 미국 학교의 학생들을 대상으로 세미나를 한다. 당연히 그녀도 발표시간에는 파워포인트를 활용한 자료를 사용한다. "나는 어린 세대들에게 물려줄 경험이란 보물상자를 가지고 있답니다." 그녀의 설명이다.

군이 학술적 연구 사례를 이야기하지 않더라도, 외로움을 전혀 느끼지 않는 노인이 우리 주변에도 많다. 이 주제를 다루면서 나는 좀더 세밀한 관찰을 해왔다. 개방적이고 사교적인 노인일수록 외로움을 적게 느끼는 것처럼 보였다. 또한 점점 협소해지는 동년배와의 교류만 고집하지 않는다면 노년기에도 여러 세대와 어울릴 수 있다. 다음 세대와 소통할 수 있는 능력을 가진 사람을 '생산적인 사람'이라고 부른다. 생산적인 이들은 절대로 외롭지 않다. 지혜와 배려심을 보여주는 태도로 인해 어린이와 십대, 그리고 청년들 모두 이들을 환영하기 때문이다.

사실 노년의 외로움에 결정적인 역할을 하는 것은 얼마나 자기중심적인 성격인가 하는 문제다. 어떤 노인들은 질병이나 과거사 등등 온통 본인 이야기밖에 할 줄 모른다. 얼마 전 뮌헨 중심가에서 공항으로 이어지는 도시철도를 타고 가는 길에 그 같은 고립형 대화를 목격했다. 나는 신문을 읽는 척하면서 옆자리에 앉은 노인이 맞은편 여성에게 말을 거는 것을 관찰했다. 많은 가방을 보고 짐작한 듯 노인은 혹시 비행기를 타러 가는지 물었다. 여성은 친절하고 개방적인 태도로 대답했다. 그런데 몇 가지 질문 끝에 노인은 자신의 관심을 끄는 말꼬리를 붙잡고는 신나서 전쟁 경험담을 장황하게 늘어놓기 시작했다. 화젯거리를 바꾸기 위한 상대의 온갖 노력도 단칼에 무시했다. 여성은 노인으로부터 도망치고 싶다는 갈망을 온몸으로 발산하고 있었지만 무례함을 범하지 않고서는 일방통행식 얘기를 끊을 수 없었기에 그저 참고 있었다. 기차가 공항 역에 도착하자마자 그녀는 마치 총알처럼 문밖으로 달려나갔고 노인은 처연하고 외롭게 플랫폼에 서 있었다. 어쩌면 노인은 사람들 속에 섞여 공항으로 갔을지도 모른다. 그런 모습을 보니 안됐다는 생각이 들었다. 지독하게 자기중심적인 모습을 보였던 그는 아마 사람들이 다가서길 꺼려한다는 사실도 모를 것이다. 남의 얘기에 귀기울이고 도움을 주기, 이는 나이를 불문하고 모든 이들에게 통하는 원칙이다. 늙으면 사람들이 전혀 신경써주지 않는다고 한 노인이 불평을 털어놓자 친구가 밝은 목소리로 단숨에 반박했다. "좋은 방법이 있지. 다른 사람을 신경써주는 거야."

작가 마르고트 베나리 이스베르트는 어린 시절 한 노인에게 책을 읽어주곤 했다. 겉보기엔 철저히 혼자인 것처럼 보였지만(배우자와 친구들은 다 세상을 떠났고 노인도 거의 장님이 된 처지였다) 노인은 매우 만족스럽고 행복한 여생을 보내고 있었다. 그는 책을 읽어주는 어린 소녀에게 비밀을 털어놓기도 하고 평생의 힘이 되어줄 훌륭한 조언을 해주기도 했다. "머릿속을 채우렴." 가능하다면 다양한 느낌과 사고를 접하라는 이야기였다. 우리 머릿속은 시와 책,

놀이와 멋진 영화, 예술과 여행, 그리고 깊이 있는 대화 등으로 '채워질' 수 있다.

당신이 젊건 이미 나이들었건 상관없이 지금이라도 바로 채워넣는 일을 시작할 수 있다. 긍정적이고 멋진 경험들을 단단히 부여잡고 내면의 눈으로 다시 한번 그것들을 들여다보자. 그 경험들은 주변에 아무도 없을 때 훌륭한 양식이 되어준다. 물론 노년은 여러 어려움이 닥치는 삶의 한 주기다. 이 시기를 현명하게 보내야 한다. 젊음을 되찾기 위해 온갖 수단을 동원하거나 젊은 시절의 고난을 미화하는 것은 무의미하다. 그렇다고 외로움을 그대로 받아들일 필요는 없다. 외로움은 나의 행동과 태도에 달려 있기 때문이다. 모든 것을 나이 탓으로 돌리기보다는 자신을 냉철하게 돌아보자.

인생을 학교에 비유해본다면······

삶의 여러 시기에 각기 다른 관점이 필요한 것처럼 외로움도 다른 관점으로 볼 수 있다. 외로움은 우리가 살아 있고 발전하고 있다는 신호이기도 하다. 내면적으로나 외면적으로 퇴보하는 시기가 오면 바뀐 환경에 맞추어 반응하는 것이 지극히 당연하다. 이런 점에서 인생은 학교에 비유할 만하다. 새로운 학년이 되면 떨리고 흥분된다. 누가 옆자리에 앉을지, 담임선생님은 누구일지, 새로운 환경에 제대로 적응할 수 있을지 등, 아무것도 확실하지 않다. 지난 학년의 익숙하고 편안했던 관계가 그리워진다. 인생의 새로운 시기는 새로 맞이하는 학년과도 같다. 어릴 때는 미지의 세계에 대한 두려움을 큰 목소리와 활달한 몸짓으로 떨쳐버리려 한다. 하지만 어른이 되면 혼란스럽고 우울한 모습, 혹은 외로운 모습을 드러낸다. 그래도 다 괜찮다. 새로운 환경에 적응하기 위해서는 그런 과정이 필요한 법이니까.

인생이 정말 학년이 올라가는 과정과 같은 것이라면 각 단계를 거치면서 더 많은 지혜를 얻을 수 있다. 더 많은 것들을 이해하고 깨우칠 수 있다는 것은 실로 커다란 행운이다. 노력하면 할수록 정신적 보상도 크다. 이것을 깨닫게 되면 삶의 여러 단계에서 생기는 외로움을 보다 쉽게 대면할 수 있을 것이다.

2부

혼자는 외롭고,
둘은 괴로운 사람들

5장

나는 왜 '잘못된 만남'을
반복하는 걸까

나와 어울리는 사람을 찾는 법

●　　　　　　　과거에는 싱글로 살아가기가 쉽지 않았다. 배우
자가 없는 사람을 이상하게 바라보는 시선 때문에 싱글인 사람은
괜한 외로움을 느껴야 했다. 하지만 다행히도 그런 시절은 지나간
지 오래다. 오늘날 우리는 자신에게 가장 잘 어울리는 삶의 방식을
선택할 수 있다. 인생의 기쁨과 슬픔을 누군가와 함께하고 싶어하
는 것만큼이나 혼자 사는 일도 문제되지 않는다. 배우자가 없다고
해서 늘 외로움에 시달리는 것도 아니다. 멋진 친구들과 흥미로운
일들로 외로움을 밀어낼 수 있다. 하지만 대개는 한 사람에 속하고
픈 갈망이 지속적으로 따라다니기 쉽다. 그런 순간이 번개처럼 찾
아오기도 한다. 횡단보도에 서 있는데 옆 커플이 키스를 나누고 있

다든지, 혹은 예전에 사랑하던 사람과 자주 듣던 노래가 우연히 라디오에서 흘러나온다든지.

플라톤은 그리움의 기원을 신화에서 찾는다. 한때 여성과 남성은 하나의 존재로 연결되어 있었으나, 분노한 신이 둘로 쪼개어버렸다는 이야기다. 이후 인간은 잃어버린 짝을 찾아 행복하게 재결합하려 애쓰고 있다고 한다. 플라톤의 신화에는 특별한 메시지가 감추어져 있다. 즉 모든 사람은 자신에게 어울리는 짝이 있다는 것이다. 나는 그 말에 전적으로 동의한다. 어쩌면 허무맹랑하고 낭만적인 생각으로 여겨질 수 있다. 누군가 냉소적인 어투로 "그럼, 내 천생연분은 어디 있나요? 난 오래전부터 찾아다녔단 말이에요"라고 물을 수도 있다. 그러니 다음과 같은 제목의 책이 나온 것도 전혀 이상하지 않다. '멍텅구리 말을 탄 나의 바보 왕자는 대체 언제 오는 거야?'

우리 대부분은 자신에게 어울리는 짝을 찾고 싶어한다. 이를 위해 파티나 동호회, 친구들, 인터넷 등을 동원하기도 한다. 원칙적으로는 옳은 방식이지만 실은 첫걸음을 내딛기도 전에 두번째 걸음부터 내딛는 셈이어서, 원하던 성공을 거두기가 쉽지 않다. 어둠 속에서 잃어버린 열쇠를 찾는 사람처럼 행동하는 셈이라고 할까. 한 남자가 문 앞에서 손전등을 비추며 정신없이 무언가를 찾고 있다. 이웃이 그곳에서 열쇠를 잃어버렸냐고 묻자 남자는 답한다. "아니요. 하지만 여기가 밝아서 잘 보이거든요." 어울리는 짝을 찾기 위한 첫번째 단계는 어디서 누구를 만날지 정하는 일이 아니라, 우리 내부에 있는 방해 요소가 무엇인지 분석하는 일이다.

선택이 자유로운 것 같지만,   ●

            우리는 어엿한 성인으로서 자신의 짝을 스스로 선택한다고 믿지만, 사실 그것은 환상에 가깝다. 탐색의 순간에는 한 사람이 살아온 삶이 송두리째 드러나는데, 이때 어릴 적 가족과의 경험이 결정적 역할을 한다. 이미 유년 시절에 앞으로의 삶에 영향을 미칠 수 있는 관념들이 형성되기 때문이다. 교류분석을 개발한 에릭 번은 '인생 각본'이라는 개념을 강조하는데, 이는 배우자 찾기에서도 큰 역할을 한다.

혹시 이성과의 관계에서 비슷한 상황이 반복되는가? 안정적인 관계를 피한다거나, 의존적인 사람을 자꾸 만난다거나, 지배욕이 강한 타입이나 쉽게 배신하는 사람만 사귀지는 않는가? 혹시 살던 집을 합치는 문제만 나오면 어긋나는 관계가 이상하다고 느낀 적은 없는가? 혹은 적극적이고 호감형인데도 불구하고 어째서 내 곁에 아무도 없는지 자문해보았는가? 그 원인이 어린 시절에 있는 경우는 생각보다 훨씬 많다.

당신이 '나쁜 남자' '못된 여자'에게 끌리는 이유

모든 가족은 고유한 분위기와 가훈, 그리고 생활방식을 갖고 있다. 어릴 때는 적응하는 것말고는 다른 선택이 없다. 우리는 자연스럽게 주어진 역할을 받아들인다. 대부분 말썽부리지 않고 돌보기 쉬우며 사랑스러운 귀염둥이를 맡는다. 혹은 어린 동생을 잘 보살피는 의젓한 아이가 된다. 거침없는 개구쟁이나 천재적인 아이, 상상력이 풍부한 몽상가가 되는 경우도 있다. 뿐만 아니라 부모를 화해시키거나 자신감 넘치는 모습을 보이는 등, 여러 일을 한다.

물론 각자의 역할은 개인의 성향에 따라 결정된다. 하지만 개인의 성향은 가족의 요구보다 그 영향력이 크지 않다. 맡은 역할에 따라 어느 정도 특정 기술을 습득하지만, 또다른 면을 발달시킬 수 있는 기회를 잃기도 한다. 잠재된 성격이나 기질이 요구된 역할에 가려져 점점 작아지다가 무의식 속으로 사라져버리는 경우도 있다. 당신이 가족 내에서 어떤 역할을 해왔는지, 또 그것을 위해 치러야 했던 대가가 무엇인지 알고 싶다면 다음 질문들을 통해 그 답을 찾을 수 있을 것이다.

첫째, 가족 내에서 당신의 임무는 무엇이었나? 형제자매를 돌보는 착한 아이, 혹은 엄마의 투덜거림을 들어주는 의젓한 아이, 싸움의 중재자 혹은 부모의 결혼생활을 유지해주는 끈, 부모보다 높은 교육을 받은 집안의 기대주, 집안의 다른 문제를 잠시 잊게 해주는 '귀여운' 골칫덩어리, 어린 가장 혹은 엄마를 대신하는 존재.

둘째, 부모의 눈에 어떤 모습으로 보여야 했는가? 부모의 가치관에 맞는 부지런하고 예의바르며 착한 아이, 부담되지 않는 독립적인 아이, 괴로움을 잊게 해줄 만큼 용기 있는 아이, 가족을 위해 위험을 무릅쓸 수 있는 담대한 아이, 냉정하고 거친 남편을 대신해줄 섬세하고 다정한 아이.

셋째, 무슨 일로 칭찬받았는가? 학교에서 성적이 좋았을 때, 피아노를 잘 친다거나 하는 예술적 재능을 보일 때, 운동을 잘했을 때, 창조적인 아이디어를 내놓거나 독립적인 행동을 보였을 때, 복종적 태도 혹은 진지한 태도를 보였을 때.

넷째, 절대로 해서는 안 되는 일은 무엇이었나? 부적절한 아이들과 어울리는 일, 성적 호기심을 보이는 일, 거짓말, 나약한 모습을 보이는 것, 앞뒤 안 맞는 모습을 보이는 것, 옷차림이 단정치 못한 것, 의논 없이 혼자서 행동하기, 이성에게 관심 보이기, 부모보다 다른 사람을 더 좋아하는 것, 가치관에 의문을 품는 것, 주어진 과제에 실패하는 것.

다섯째, 스스로 억제해야 했던 느낌은 무엇인가? 공포와 분노, 짜증, 사랑, 질투, 형제자매 간의 경쟁심리, 성적 호기심, 밀접하고 보호받는 관계와 힘과 자유에 대한 갈망, 독립성.

이 질문들이 가족 내에서 맡았던 역할에 대해 되돌아보게 하는 자극제가 되었기를 바란다. 거기엔 이유가 있다. 어린 시절 성공적으로 수행했던 역할을 어른이 되어서도 그대로 지키려는 성향 때문이다. 이 역할은 우리에게 친숙하다. 반면 어린 시절 금지되었던 측면은 여전히 낯설기 때문에 두려우면서도 동시에 매혹적이다.

그런데 가족 안에서 맡았던 역할이 배우자를 선택하는 데 결정적인 영향을 끼치는 이유는 무엇일까? 보통 자신과 대조적인 면을 갖고 있는 사람을 택하는 경우가 많기 때문이다. 어린 시절 사리분별을 잘하는, 배려심 많은 아이로 살아야 했다면 활달하고 다소 비합리적인 성향의 사람과 사랑에 빠지기 쉽다. 상상력이 풍부한 아이로 키워졌다면 현실적 성향의 사람에게 매력을 느낄 수 있다.

문제는 나에게 맞는 성향의 사람을 찾았다고 해서, 마냥 행복한 결말을 맺지는 않는다는 데 있다. 시간이 지나면서 나에겐 허락되지 않았던 행동을 일상적으로 하는 배우자를 참을 수 없어지는 경우가 많다. 처음엔 매력적으로 보였던 바로 그것들로 인해 싸우게 되는 것이다. 스물일곱의 세무사 실비는 장녀로 태어나 언제나 바르고 합리적으로 행동하도록 가르침을 받았다. 그녀는 안정적인 직장을 버리고 위험을 감수하는 일 같은 건 절대로 하지 않았다. 실비는 모험적인 사람과 사랑에 빠지곤 했는데, 마지막으로 사귀었던 사람은 스카이다이버였다. 처음에는 모험을 즐기는 모습에 덩달아 스릴을 느꼈지만, 시간이 지날수록 자주 옆에 없는 남자친구 때문에 실망하는 일이 늘어갔다. 그 시간 남자친구는 하늘 위에 떠 있거나 동료들과 무사 귀환을 축하하는 술자리를 갖고 있었다. 불만족스럽기는 남자친구도 마찬가지였다. 한동안은 믿을 수 있고, 자신에게 강한 애착을 보이는 여자친구가 좋았지만 점점 그런 모습이 피곤해지기 시작했다. 결국 그는 떠나버렸다. 실비는 이전 남자친구와 이별했던 때와 마찬가지로 다시 혼자가 되어 외로움에 시달리고 있다.

늘 비슷한 형태의 만남과 이별을 반복한다면……

늘 비슷한 형태의 만남과 이별을 반복한다면, 당신의 어떤 면이 관계를 가로막고 있는지 생각해볼 필요가 있다. 혹시 늘 강인한 척하면서 연약하고 예민한 부분을 부정하고 있지는 않은가? 아니면 스스로 나약하고 무력한 사람이라 단정짓고 단호하면서도 유능한 면을 억누르고 있지는 않은가? 존경받고 부지런하며 적당히 타협하는 삶을 추구하면서, 좀더 느긋한 태도로 모험을 즐기며 새로운 일을 시도하는 것은 나 아닌 다른 사람의 삶이라고 생각하지 않는가?

앞으로는 잃어버린 성향을 부분적으로라도 발전시켜보는 것이 어떨까? 예를 들어보자. 지배하려는 성향이 강하다면, 숨어 있는 소극적 성향을 어떻게 끌어낼지 고민해보자. 머릿속으로 하나씩 훑어본 다음, 검열하지 말고 생각나는 대로 종이에 적어보자. 자신에게 금지된 오락거리가 있다면 그것을 어떻게 바꿀지도 생각해보

자. 와인 세미나에 참석하거나, 화장품 가게에 가서 실컷 시간을 보내거나, 스타 셰프의 요리 강습을 듣거나, 트레이닝복 차림으로 주말 내내 DVD를 보는 것도 좋다.

모험을 좋아하는 기질을 누르고 살아왔다면 다음과 같은 행동을 해보는 건 어떨까? 카지노에서 소액 배팅하기, 숙소를 예약하지 않고 여행 떠나기, 2인승 스카이다이빙에 도전해보기, 자신의 일을 다른 사람에게 미뤄보기, 마라톤 훈련에 참여하기, 롤러코스터 타기 등. 제일 쉬운 것부터 시작해서 조금씩 강도를 높인다. 그러면 곧 효과가 나타날 것이다. 억눌러왔던 부분을 연인이나 배우자를 통해 충족하기보다는 스스로 시도해봄으로써 훨씬 자유로운 느낌을 만끽할 수 있다. 자신이 보다 완전하다고 느끼게 되면, 더이상 부족한 부분을 충족시켜줄 타인을 찾아다니지 않아도 된다.

"나는 엄마처럼 살지 않겠어"와 연애의 상관관계 ●

이성을 바라보는 관점은 부모에 의해서도 크게 영향받는다. 다음과 같은 질문을 해보자. 다른 이성에 대해 마음속 깊은 곳에서 어떤 생각을 하고 있는가? 대부분은 내가 실험 삼아 질문을 던졌던 사람들처럼 당황해서 허둥거릴 것이다. 한 남자는 수줍게 웃으며 대답했다. "여자란 멋진 존재죠." 좀더 영리한 답변을 한 사람도 있다. "여자 없이는 아무것도 안 되죠!" 여자들이라고 해서 더 근사한 답을 한 것도 아니다. 사실 이런 질문에 즉각적으로 답변하기란 쉽지 않다. 삶을 돌아볼 때 제일 먼저 찾는 것은 과거의 삶에 각인된 부분이다. 이때 부모야말로 일상적이고 밀접한 방식으로 스스로를 비롯해 이성에 대한 관념을 형성시켜준 첫번째 사람들이자 가장 중요한 사람들이다. 그러므로 다음 질문들을 보고 머릿속에 떠오르는 이미지를 생각해보면 좋겠다.

- 아버지는 어머니에게 어떻게 행동했는가?
- 어머니는 아버지의 행동에 어떤 반응을 보였는가?
- 어머니는 아버지에게 어떻게 행동했는가?
- 아버지는 어머니의 행동에 어떤 반응을 보였는가?
- 아버지가 안 계실 때 어머니는 아버지에 대해 무슨 말을 했는가?
- 어머니가 없는 곳에서 아버지는 어머니에 대해 무슨 말을 했는가?
- 아버지의 행동에 대해 당신은 어떤 느낌이 들었는가?
- 어머니의 행동에 대해 당신은 어떤 느낌이 들었는가?
- 그때 당신은 자신의 성性에 대해 어떤 결론을 내렸는가?
- 그때 당신은 이성에 대해 어떤 결론을 내렸는가?
- 그때의 경험을 통해 어떤 결론을 얻었는가?
- 그것이 현재 당신이 배우자를 선택하는 데 어떤 영향을 미치는가?

서른여섯의 전문 상담가 미리암은 위의 질문에 다음과 같은 답변을 했다.

- 아버지는 권위적이었다. 항상 엄마를 약간 아랫사람 다루듯이 대했다. 그리고 엄마가 감정을 과장한다고 생각했다. 아버지는 자주 "너희 엄마가 또 오버하는구나"라고 말했다. 그러면서 엄마가 무조건적인 헌신으로 건축가인 자신을 내조해주길 바랐다.

- 엄마는 아버지가 시키는 대로 했다. 그렇지 않으면 갈등이 발생하니까. 엄마는 갈등 상황을 견딜 수 없어했다.

- 아버지를 그렇게 만든 것은 엄마였다. 아버지는 항상 식탁에서 제일 먼저 일어났다. 아버지가 주무시거나 설계도면을 그릴 때면 우린 항상 숨죽이고 있어야 했다.

- 아버지는 이것을 당연하게 여겼다. 가장이자 가족을 위해 돈을 버는 사람이었으니까.

- 엄마는 아버지의 횡포에 대해 종종 우리에게 불평하곤 했다. 제대로 직업훈련을 받지 않은 것에 대해서도 후회했다. 남편으로부터 보다 독립적인 삶을 살기 위해 스스로 돈을 벌고 싶었던 것이다.

- 아버지는 우리를 자기편으로 만들었다. "어쨌든 너희 엄마는 거기에 대해 아는 게 아무것도 없잖니"라는 식으로 나와 내 동

생 율리아에게 말하곤 했다.

- 그런 아버지의 행동이 심하게 자아도취적이라고 느꼈다.
- 엄마가 순교자나 아버지의 옆구리에서 태어난 존재처럼 행동하는 게 싫었다.
- 절대 엄마처럼 되지 않겠다고 결심했다. 그래서 대학을 졸업한 후에 안정된 직장을 얻었다.
- 또한 절대로 강압적인 타입의 사람은 만나지 않겠다고 결심했다.
- 나의 결론은 이렇다. '남자는 여자를 지배하고 싶어한다. 그것에 대항하지 않고 굴복하는 여자는 어리석다.'
- 쓸쓸하긴 하지만 인정해야 할 부분. 나는 쉽게 조종할 수 있는 유약한 남자 혹은 심각한 문제가 있어서 나를 늘 필요로 하는 의존적인 타입만 찾게 된다.

이성에 대한 편견 혹은 통념을 바꾸는 법

미리암의 경우를 통해 부모의 삶이 이후 배우자를 선택하는 데 일종의 나침반으로 작용하는 상황을 분명하게 볼 수 있다. 부모가 추구한 삶의 모델이 자신의 인생에서 금지와 억제 역할을 하고 있다면, 그것이 이성에 대한 편견으로도 작용하고 있지 않은지 시급하게 살펴보아야 한다. 미국 심리학자 수전 제퍼스Susan Jeffers는 부정적인 생각을 모두 적어내려가라고 제안한다. 아래의 여러 문장을 완성하는 동안 떠오르는 부정적 생각들이 있다면 전부 적어보자.

남성 / 여성은 _____이다.

남성 / 여성은 _____하다.

남성 / 여성은 _____을 가지고 있다.

부정적인 대답은 다음과 같이 긍정적인 대답으로 재구성해본다.

- 남자는 감정표현이 너무 없다. → 감정표현을 잘하는 남자도 있다.
- 남자는 성적 유혹을 견디지 못한다. → 성적 유혹을 느끼더라도 자제하는 남자도 있다.
- 여자는 외모에만 집착한다. → 내면의 가치를 소중하게 여기는 여자도 있다.
- 여자는 항상 감정적으로 반응한다. → 아주 합리적인 여성도 있다.

긍정적인 문장으로 바꿨다면 주위를 한번 둘러보며 그 증거를 찾아보자. 자세히 살펴보면 통념과는 다른 부분들이 많다는 사실을 깨달을 수 있다. 예를 들어 남자도 매우 감정적일 수 있고 여자도 자기조절 능력이 뛰어나고 믿음직스러울 수 있다. 수전 제퍼스에 따르면 모순되는 성향을 들여다봄으로써 시야를 확장하고 이성에 대해 보다 완전하게 인식할 수 있다고 한다. 편견을 없애는 과정에서 과거의 경험 때문에 생각이 한쪽으로 치우쳐 있었다는 사실도 깨닫게 된다. 이러한 현실적 깨달음은 마음을 활짝 열게 만든다.

'관계가 깊어지기 전에 어서 도망가!'라는 속삭임

사랑에 빠지면 감정적으로나 육체적으로나 다른 어떤 사람보다 상대와 더 가까워진다. 밀접함은 행복을 주지만 동시에 두려움도 안겨준다. 애써 부인하려고 하지만, 어린 시절부터 이어져온 오랜 두려움이 무의식에 도사리고 있다. 어릴 때 스스로 선을 긋는 것이 허락되지 않았던 사람의 경우, 밀접한 관계에서 자신을 포기해야 할지도 모른다는 두려움이 크다. 특히 권위적인 환경에서 자란 사람의 경우, 의견을 당당하게 밝힐 기회가 거의 없었다고 볼 수 있다. 아마도 이들은 "고집 센 아이는 버릇이 나쁘다"라거나 "식탁에서는 조용히 식사하는 법이야" 혹은 "이 집 지붕 아래에 사는 한 넌 내 말을 들어야 해!" 같은 말을 들으며 컸을 것이다. 미묘하고 조용한 압박이 가해지는 경우도 있다. 부모가 자신의 소망을 관철하기 위해 슬픈 표정이나 실망한 표정을 보이는 것이 그런 경우다. 아이 스스로 원하는 것을 자제해야 한다고 느끼게 만드는 것이다. 우울증에 걸린 엄마나 병든 아빠, 아픈 형제자매가 있는 경우, 아이에게는 최대한의 자제심이 요구된다.

이 같은 상황을 겪다보면 분명하게 "아니요"라고 말하는 법을 배우지 못한다. 자신의 욕구가 존중받지 못한 경험이 많기 때문이다. 그러다보니 사랑은 누군가에게 독점당하는 것 혹은 이용당하는 것이라는 생각이 내면화된다. 누군가 가까이 다가오면 경계를 정해놓고, 그가 자신의 삶을 침범하지 못하도록 경계한다. 하지만 상대에게 감히 요구하지는 못한다. 성인이 되어 연인이나 배우자를 찾는 과정에서 마음속에 분열이 일어나는 것도 이상한 일이 아니다. 의식적으로는 밀접하고 친밀한 관계를 원하지만, 숨어 있는 마음이 끊임없이 속삭인다. '빨리 도망가. 관계에 깊이 빠지면 어떻게 되는지 잘 알잖아!' 결국 누구와도 관계를 맺지 못하거나, 내면적·외면적 거리로 인해 충분히 가까워지기 힘든 관계만을 맺게 된다. 이것이 다음과 같은 상대와의 만남으로 이어지는 경우도 허다하다.

- 결혼했거나 이미 연인이 있는 사람.
- 다른 지역 혹은 다른 나라에 사는 사람.
- 우유부단한 사람.
- 나를 그다지 사랑하지 않는 사람.
- 나보다 여러모로 부족한 사람.
- 나와는 사는 환경이 다른 사람.

어린 시절과 마찬가지로 무방비 상태에다 항상 친절하고 착한 모습만을 보이고, 이해심을 베풀기만 한다면 이는 타인이 나를 통제하는 것을 허락하는 것이다. 이제 당신은 자신이 더이상 다른 사람 마음대로 조종당하는 어린 소녀 혹은 소년이 아니라는 사실을 깨달아야 한다. 스스로 선을 그을 수 있어야 한다. 아직도 이런 문제에 시달린다면, 관계를 맺기 전 이렇게 다짐해보자.

- 난 어른이다.
- 게임의 룰은 내가 정한다.
- 나에겐 원하는 것을 표현할 권리가 있다.
- 나는 싫다고 말할 수 있다.

단계별 연습도 필요하다. 커피 한잔만 마시고 헤어지고 싶은데 상대는 오후 내내 함께 시간을 보내고 싶어하면, 다정하지만 단호하게 의사를 밝히자. 신체 접촉이 별로 달갑지 않거나 너무 이르다고 생각되면 싫다고 말하자. 상대의 비판이나 슬픈 표정, 말다툼으로 인해 생각을 바꿀 필요는 없다. 기억하라. 중요한 것은 당신의 감정이며, 당신은 존중받을 권리가 있다. 단계별 연습이 하나하나 성공을 거둘 때마다 자신감은 커질 것이고, 밀접한 관계에 대한 두려움도 서서히 사라질 것이다.

얻을 것과 잃을 것,
얻어야만 하는 것과 잃어도 되는 것

이제 오래된 짐을 내려놓았고, 상대를 자유롭게 탐색하는 데 방해되었던 은밀한 장애물도 없다. 하지만 여전히 질문은 남아 있다. 배우자를 찾음으로써 정말 싱글로 누리는 혜택을 모두 포기하는 대가를 치르고 싶은가? 외로움에 시달리다보면 커플이 된다고 해서 행복이 보장되지는 않는다는 사실을 잊기 쉽다. 남의 떡이 커 보이는 법이다. 몇 년 전 혼자 사는 동료와 함께 상급 전문 교육과정에 정기적으로 참가한 적이 있다. 헤어질 때 우리는 항상 서로를 부러움의 눈으로 바라보곤 했다. 동료는 가족이 집에서 기다리는 나를 부러워했고, 나는 혼자 집에서 맘껏 휴식을 취할 수 있는 그녀가 부러웠다. 누군가를 부러워할 수도 있지만, 원하는 방향이 이리저리 흔들릴 때는 문제가 된다. 나침반 바늘처럼 정확하게 목표를 겨냥하기 위해서는 우선 자신이 원하는 것의 장점과 단점을 저울질해볼 필요가 있다.

- 종이를 펼쳐놓고 싱글로 사는 것이 삶에 미치는 크고 작은 장점을 적어본다. 일에 전념할 수 있고, 다른 지역으로 이사하기도 수월할 뿐 아니라, 아침이 될 때까지 범죄소설을 읽어도 되고, 번 돈을 모두 자신에게 써도 된다, 등등.

- 두번째 종이에는 배우자가 있는 경우의 이점을 적어본다. 일상의 문제를 나눌 수 있고, 여행이나 다른 활동을 같이할 수 있으며, 사회생활이 보다 쉬워진다. 등등.
- 이제 종이 두 장을 비교해보자. 가장 비중이 큰 부분은 무엇인가? 개인적으로 가장 우선시하는 항목은 무엇인가? 예를 들어 일하는 데 있어서는 든든한 배우자의 존재보다는 언제든 자유롭게 움직일 수 있는 환경이 더 중요하게 여겨질 수 있다.

싱글로 사는 삶이 더 중요하다고 여겨지더라도, 이 시기가 한때에 불과할 수도 있다. 예를 들어 계속해서 시험을 치러야 하는 시기이거나 일에 좀더 열중해야 할 때, 혹은 연인과 헤어진 지 얼마 되지 않았거나 새로운 자유를 누리고 싶을 때, 혹은 아이들이 다 커서 막 집을 떠났을 때 등이다. 그런 경우에는 얼마만큼의 시간이 필요할지 적어보자. 자신을 괴롭히기보다는 배우자 찾기를 잠시 미루는 편이 나을 때도 있다. 모든 여건을 고려해 평화로운 상태에서 결정을 내리도록 하자.

단, 결정을 내렸다면 그때는 바로 실천하는 편이 좋다. 당신이 만든 카드에 중요한 이유들을 적어보자. '일상적인 문제들을 극복하기 위해서는 짝이 필요해' 혹은 '내 힘으로 해야 할 일을 먼저 이루기 위해서는 싱글로 남아 있는 게 좋겠어'라는 식으로 말이다. 때때로 결심이 흔들릴 때마다 이 카드를 꺼내서 스스로에게 용기를 주자. 유연함을 잃지 않는 일이 중요하다. 당신이 만든 계획은 한 동안 단호한 행동을 하는 데 힘이 되어주겠지만, 시간이 흘러 원래 목적이 어디론가 사라져버렸다면 마음을 가다듬고 새로운 결정을 내려야 한다.

관계를 맺는 데에도 연습이 필요하다?　●

배우자를 찾아나서기 전 정확하게 무엇을 원하는지에 대해 알 필요가 있다. 우리 모두는 각자의 취향과 욕구를 가지고 있으니 말이다. 위시리스트를 만들어 자신이 원하는 바를 확실히 하는 것이 좋다. '그런 사람은 없어'라거나 '난 그런 사람은 못 만날 거야' 혹은 '이건 좀 동화 같은 이야기지'라며 검열하지 않기 위해서는 원하는 것이 무엇인지 분명히 직시할 필요가 있다.

착한 요정이 나타나 이렇게 말한다고 상상해보자. "자, 이제 평생을 같이할 배우자를 찾는 거예요. 어떤 상대를 원하는지 정확하게 적어보세요." 이제 당신 차례다. 당신이 좋아하는 외면적·내면적 요소들을 모두 적어보자. 여러 페이지가 되어도 상관없다. 이제 목록을 다시 한번 훑어보라. 절대로 포기할 수 없는 항목에 대해서는 따로 표시하자. 또 자기모순에 빠지지 않도록 주의해야 한다. 목적의식이 강하면서 성공적인 남자가 영원히 나를 기다려줄 거라고 생각한다면, 그건 남자가 모든 판타지를 충족시켜주면서도 자신감 넘치는 여성을 만나기를 바라는 마음과 같다. 그러므로 우선순위를 정하는 게 필요하다. 필수불가결하면서도 서로 모순되지 않는 배우자의 요소를 최종 목록에 적어보자. 이미 짐작하고 있겠지만 이 목록은 착한 요정에게 보여주기 위한 것이 아니다. 당신에게 맞는 사람을 찾기 위한 구체적인 체크리스트다. 연구에 의하면 삶에 대한 관점이 서로 비슷한 커플이 더 행복한 삶을 영위한다고 한다. 다음과 같은 질문을 목록에 추가해보자.

- 아이를 원하는가?
- 부부간의 신의에 대해 어떻게 생각하는가?
- 두 사람의 관계에서 얼마만큼의 자유를 보장하는가?
- 여성 혹은 남성의 역할에 대해서는 어떻게 생각하는가?
- 직업과 일에 대한 당신의 태도는 어떤가?
- 어떤 형태의 관계를 원하는가? 결혼인가, 아니면 동거인가? 혹은 각자 따로 사는 형태의 느슨한 관계인가?

사실 체크리스트를 만드는 것은 왠지 계산적으로 느껴지기도 한다. 중고차를 사는 것이 아니라 사랑에 빠질 사람을 찾는 것이니 말이다. 하지만 체크리스트는 스스로 원하는 것이 무엇인지를 확실하게 보여주고, 시간과 에너지를 헛되이 낭비하지 않도록 도와준다. 그렇다고 처음 만난 상대에게 체크리스트를 들이대며 각 항목을 점검할 필요는 없다. 어떤 부분은 첫인상을 통해서 알 수 있고, 이야기를 나누는 과정에서 자연스럽게 드러나는 부분도 있다. 필요하다면 좀더 자세한 질문을 해볼 수 있는 있다. 물론 처음부터 "아이를 원하나요?"라는 식으로 심문하듯 물어보거나, 바다가 아니라 산을 좋아한다고 해서 자리를 뜰 게 아니라, 보다 사려 깊은 방식으로 접근해야 한다.

자신이 원하는 것이 무엇인지 정확히 알았다면, 새로운 관계를 위해 뛰어들 차례다. 적극적으로 배우자를 찾을 수 있는 방법에는 두 가지가 있다. 소개팅과 인터넷을 통한 만남이 그것이다.

자신에게 만남을 허락하기

뮌헨의 '합리적 심리학 학회'는 가장 성공적으로 연인을 만나는 방법이 지인을 통한 소개팅이라고 이야기한다. 좋은 친구나 친척이 배우자를 찾도록 도와주는 것이다. 나를 잘 알고 있고 나에게 가장 잘 어울리는 사람이 누구인지도 판단할 수 있는 사람이 바로 이들 아니겠는가?

이제부터라도 친구들이나 친척들에게 말해보자. 혼자 사는 데 지쳤으며 누군가 소개해주면 정말로 기쁘겠다고. 물론 처음에는 그렇게 말하기가 쑥스러울 수 있다. 반쪽을 찾아 헤매고 다닌다고 인정하고 싶은 사람이 어디 있겠는가. 하지만 당신과 친한 이들은 그걸 조롱거리로 삼지 않을 것이라고 장담한다. 이 문제에 대해 개방적이고 자신감 있게 접근할수록 다른 사람도 훨씬 편하게 받아들일 수 있다. 당신도 어쩌면 잡지 『코스모폴리탄』에 소개된 스물여덟 살 엔지니어 미라와 같은 사연의 주인공이 될 수 있다.

처음에 나선 사람은 미라의 가장 친한 친구 사라였다. 사라는 자신의 직장동료 율리안이 미라와 잘 어울릴 거라고 생각했다. 두 사람은 이탈리안 레스토랑에서 소개팅을 했는데 서로 재밌게 얘기를 나누었다. 미라는 율리안의 정의로우면서 호기심 강한 성격이 맘에 들었고 율리안도 미라가 괜찮다고 생각했지만 왠지 둘 다 그리 마음이 설레지는 않았다. 사랑에 빠지기에는 뭔가가 모자랐던 것이다. 미라의 결론은 뭘까? "율리안은 이성이면서도 친구로 삼을 수 있는 흔치 않은 사람이에요. 그것만으로도 괜찮지 않나요?" 율리안의 얘기를 들어보자. "우정이 싹틀 수 있는 흥미로운 만남이었죠. 우린 지금도 종종 연락하고 지내요."

다음 소개팅은 미라의 동료가 주선했다. 자신의 친구 마르크가 미라에게 잘 어울리겠다고 생각한 것이다. 실제로 이들은 육체적인 면에서 매우 잘 맞았다. 하지만 곧 오로지 성적 매력에 의한 이끌림이라는 사실을 둘 다 깨달았다. 다음은 미라 엄마의 차례였다. 어학강좌에서 만난 친구의 아들 랄프가 딸과 아주 잘 맞겠다는 판단이었다. 그녀의 판단은 확실히 옳았다. 레스토랑에서 처음 만난 후 랄프는 적극적인 호감을 보였다. "전 미라를 보자마자 이끌렸어요." 미라도 비슷한 입장이었다. "지금은 완전히 사랑에 빠진 건 아니지만 다음주에 다시 만나면 왠지 그렇게 될 것 같아요."

진지한 만남을 주선하는 인터넷 사이트를 찾아보는 방법도 있다. 직업환경이 변하면서 여기저기를 다니고 예전보다 더 긴 시간을 일해야 할 때가 많다. 주변에서 맞는 사람을 찾기 위한 시간이 모자라는 것이다. 그러므로 인터넷에서 배우자를 찾는 것도 좋은 생각이라고 할 수 있다. 하지만 인터넷의 경우 사람에 따라 모순된 경험을 하기도 한다.

예를 들어 내 친구 클라라는 아주 나쁜 경험을 한 적이 있다. 그녀는 뒤셀도르프에 사는 의사와 아주 심도 깊은 대화를 나누고서는 주말에 만났다. 클라라는 그를 보자마자 자연스럽게 사랑에 빠졌고 잠자리까지 가졌다. 일요일 저녁이 되자 꿈속의 왕자님 같았던 그 남자는 이런 식으로 멋진 여자들을 만나기 위해 종종 인터넷 데이트 사이트를 이용한다고 밝혔다. 40세 정도라던 여성이 적어도 55세는 되어 보이는 데다 말과는 달리 과체중에 가까운 모습으로 나타나는 바람에 속았다고 느낀 남자 이야기도 들은 적이 있다. 반면에 성공적인 예도 많이 알고 있다. 나와 친한 친구 중 한 명도 인터넷 소개 사이트를 통해 만난 남자와 지금까지 행복한 결혼생활을 하고 있다. 대부분의 세미나에서 나는 이와 같은 방식으로 평생의 인연을 만난 사람을 한두 명은 만난다. 간단히 말하자면 이렇다. 진정한 자신의 공주 혹은 왕자와 만나기 전에 개구리와 키스해야 할 때도 있지만 그것조차도 나름의 가치가 있다. 처음 만남에서 취해야 할 올바른 태도는 무엇인지 현실적인 조언을 해주려 한다.

우연히 만난 이성과 대화를 한다고 해서 곧바로 기적 같은 사랑이나 관계가 시작될 거라고 기대하는 사람은 아무도 없다. 그저 편안하게 서로 이야기를 나누는 것뿐이다. 부끄러워할 일도, 거창한 의미가 있는 일도 아니다. 인터넷에서 만난 상대와 얘기를 나눌 때 바로 이런 태도가 필요하다. 버스정류장이나 맥줏집에서 만난 모르는 사람에게 호기심을 가지고 접근하듯이 다가가는 게 좋다. 누군가를 알아가는 기회일 뿐 그 이상은 아니다. 부끄러워할 것도 압박감을 가질 필요도 없다. 또 거절당한다고 해서 자존심에 상처입을 일도 아니다. 별다른 소득 없이 이런 만남을 여러 차례 가진 적이 있는 내 친구는 느긋한 평을 했다. "아무튼 이런 식으로라도 전보다는 더 많은 남자들과 만나잖아."

첫번째 데이트의 십계명

인터넷에서 무척 관심이 가는 이성을 만났는데 이제 그 사람을 직접 만나고 싶은가? 지인이 나와 딱 어울리는 사람을 소개해주기로 했는가? 이 만남이 재앙으로 끝나지 않고 즐거운 만남이 되려면, 아무리 당신이 즉흥적이며 직감이 뛰어나다 할지라도 다음 몇가지 규칙을 엄격하게 지키는 것이 좋다.

첫째, 전화는 간단하게. 긴 전화 통화는 선입견을 만들 수 있다.

상대를 보지 않고 말할 때 훨씬 활발해지는 사람이 있는가 하면 반대로 어색하고 퉁명한 태도를 보이는 사람도 있다. 그러므로 선입견에 사로잡히지 않으려면 전화 통화는 만남을 준비하기 위한 목적으로 한정해야 한다. 다른 모든 것들도 직접 만나서 확인하는 것이 좋다.

둘째, 평소처럼 입자. 너무 극단적인 드레스 코드는 금물이다. 특히 '이 만남이 아주 중요하다는 인상을 주면 안 돼'라는 원칙에 따라 옷을 선택하는 것은 곤란하다. 그렇다고 과한 치장을 하는 것도 좋지 않다. 명품 원피스나 정장, 미니스커트나 가죽 재킷 등이 일상적인 의상이 아니라고 생각한다면 소개팅에서도 굳이 입을 필요는 없다.

셋째, 중간 지점에서 만나기. 두 사람이 사는 곳의 중간에 있는 카페나 레스토랑을 정해서 만나는 것이 좋다. 단골 술집이나 음식점은 피하도록 하자. 나중에 상황이 달라졌을 때 소개팅했던 상대와 마주치는 민망한 일이 생길 수도 있기 때문이다.

넷째, 같이 뭔가를 하기. 술집에서 만나는 대신 전시회나 영화관 혹은 콘서트에 같이 가는 것도 괜찮다. 이렇게 하면 나중에라도 서로를 알아가기 위한 이야깃거리가 풍부해진다.

다섯째, 만남은 짧게. 상대에게 아무리 호감을 느낀다 하더라도 만남이 끝나면 담담하게 헤어지도록 하자. 가장 좋은 것은 다음에 만날 의사가 있을 경우, 헤어지기 전 미리 약속을 정하는 것이다.

여섯째, 대화 주제는 가볍게. 처음에는 가벼운 주제로 이야기를 나누자. 자신의 일이나 여행, 예술이나 영화, 책이나 취미 등에 대한 이야기만으로도 충분하다. 다시 못 만날 상대일 수도 있기 때문이다. 그런 경우에는 상대가 나의 개인적 사정이나 인생 스토리를 모르는 편이 더 나을 것이다.

일곱째, 분명하고 솔직하게. 상대에게 별다른 매력을 느끼지 못한다면 그저 미안한 마음에 만남을 연장하는 것은 좋지 않다. 더이상 만남을 지속하고 싶지 않다는 입장을 분명하게 밝히고 작별인사를 하자. 거절하더라도 최대한 정중하게 이유("전 당신과 어울리기에는 너무 고집이 센 타입인 것 같아요")를 설명해야 하며, 어떤 경우에도 마음을 바꾸어서는 안 된다.

여덟째, 섹스는 좀 기다리자. 장기간 독신생활에 지쳤을 경우에는 성적으로 매우 강한 유혹을 느낄 수 있다. 하지만 좀더 신중하자. 그 사람이 나를 정말 좋아하거나 서로 특별한 관계로 이어질 수 있다는 확신이 있기 전에는 말이다.

아홉째, 부정적인 신호를 잘 살펴보자. 좋은 관계로 이어질 것 같은 설렘으로 인해 초기의 경고신호를 무시하는 것은 위험하다. 혹시 상대방이 직업이나 친구 혹은 주거환경과 같은 문제에 대한 대답을 슬며시 피하지는 않는가? 혹은 자신의 이야기만 끊임없이 늘어놓지는 않는가? 지난 관계들에 대해 험담을 늘어놓지는 않는가? 구두쇠인 편인가? 잔소리가 많은가? 다른 모든 게 괜찮다고 해서 이런 신호들을 무시하는 것은 옳지 않다. 지금 외면해버린 신호들이 나중엔 진짜 큰 문제로 다가올 수 있기 때문이다.

열째, 시작은 천천히. 서로에게 공감하는 면이 많다. 멋진 일이다. 그래도 신중하게 접근하자. 즉시 가족에게 인사를 시킨다거나 휴가를 같이 계획하는 일은 성급하다. 우연히 만난 사람처럼 천천히 상대를 알아가는 것이 필요하다.

마음의 눈을 떴을 때, 비로소 보이는 것들 　●

⁝

　　　　　　싱글이라고 해서 모든 사람이 소개팅을 원하거나 배우자 찾기 사이트를 뒤적이는 것은 아니다. 오히려 많은 사람들이 자연스럽게 상대를 알아가고 싶어한다. 혹시 당신도 그렇게 느끼는 사람 중 하나이며 그에 맞는 조언이 필요한가? 나의 조언에 당신이 실망하지나 않을지 걱정이다. 내 조언은 주위를 돌아보라는 것이다.

빵집이나 사우나 혹은 사촌의 결혼식장, 회사 창립일 기념 파티, 직장이나 슈퍼마켓, 거리를 유심히 살펴보자. "조언은 감사하지만 이제껏 충분히 오래 살펴봤거든요? 근데 아무런 소득이 없다고요!"라며 성급하게 결론 내리고 짜증내지는 말자. 내면의 갈등과 장애를 해결하려는 노력을 충분히 기울였다면 이제는 다른 관점으로 주변을 둘러보자. 분명히 못 보고 지나친 부분이 있을 것이다.

이제 지나치게 가까워지는 것에 대한 두려움 때문에 자신을 닫아놓고 살지 않아도 된다. 스스로 온전한 사람이 되었으니 자신의 참모습과 반대되는 방식에 의존하지 않아도 된다. 상대를 향해 마음을 열고, 더이상 비밀스러운 미움에 시달리지 않는다. 이렇게 새로운 태도로 자신에게 진정 어울리는 사람을 찾아보자. 그러다보면 더 멋진 일이 생기기도 한다. 어울리는 상대가 자석처럼 끌려오기도 하는 것이다. 불교 신도들이 하는 말처럼 '제자가 준비되면 스승이 나타난다'. 이는 몇 년 동안 관련된 주제를 다루어오면서 경험으로 깨달은 것이다. 내가 들은 흥미롭고 감동적이며 간혹 믿기 어려운 이야기들을 여러분에게 모두 전달할 수 없는 것이 아쉬울 따름이다. 가령 운전학원에서 남편을 만나 결혼한 후 모험가적인 성향을 발전시켜 오토바이 면허증을 취득한 카롤리네라는 여성도 있다. 또 엄마처럼 요구가 많은 여성들에게 자기를 맞춰주는 타입이었던 카메라맨 닉도 있다. 여자들은 친구로서 닉을 이용만 할 뿐 연인으로는 받아들이지 않았다. 하지만 닉이 자신의 행동에 제한을 두기 시작하자 오히려 여자친구가 생겼다. 내가 가장 좋아하는 다음과 같은 멋진 사연도 있다.

잡지 『브리기테』가 '사랑에 실망하다 – 난 항상 잘못된 상대를 만난다'라는 주제로 연 세미나에서 서른두 살의 통역사 이다를 만났다. 힘들었던 과거의 관계를 뒤로하고 이다는 3년 동안 혼자 살고 있었다. 세미나를 통해서 이다는 독립적으로 남성을 선택하는 대신에 항상 수동적으로 선택당하는 착한 여자 역할을 해왔다는 사실을 깨달았다. 그러다보니 자신에게 어울리지 않는 남자들이 그녀에게 매력을 느끼는 불행한 일들이 반복되어온 것이다. 깨달음을 얻고 나서 이다는 확실히 변해야겠다고 결심했다. 집으로 돌아갈 때쯤에는 내적인 힘과 자신감이 많이 생기기도 했다. 그러고 일주일이 채 안 되어 지금껏 행복한 삶을 함께하고 있는 남자를 만날 수 있었다. 이 같은 결과는 낙천주의자인 나조차도 놀라게 했다. 이다는 이렇게 얘기했다. "사실 그 사람은 내가 알고 지내던 지인 중 한 사람이었어요. 하지만 마음에 변화가 생기고 난 후에야 그 사람을 제대로 알아볼 수 있게 되었죠."

확실하게 말해두겠다. 누군가 곁에 없어서 외롭다면 그것을 해결하는 것은 시간문제다. 먼저 마음을 차분하게 가라앉히자. 자신감과 솔직함이 커질수록 당신의 매력도 더욱더 많이 발산된다는 사실을 믿어보라.

6장

'당신이 옆에 있어도
난 늘 혼자인 것만 같아'

둘이 있어도 외로운 이유

●   어쩌면 이 장의 내용이 여성을 겨냥하고 있다고 생각할 수도 있다. 일반적으로 여성이 남성에 비해 연인이나 배우자가 있는데도 외로움을 호소하는 경우가 더 많기 때문이다. 연애 중이거나 결혼한 남자들은 외로움을 느끼는 경우가 상대적으로 적은데, 남자는 감정을 분리해 처리하는 데 능숙하기 때문이다. 사생활에서 좌절을 겪을 경우, 이들은 일에 더 열중하거나 취미생활에 푹 빠지는 것으로 이를 보상하려 한다. 이런 태도의 차이는 남성과 여성의 상이한 사회화 과정에서 온다. 대부분의 여자들은 관계 속에서 감정을 솔직히 드러내는 데 익숙하다. 미국 사회언어학자 데버라 태넌Deborah Tannen은 여성들은 관계 지향적 세계에서 사는 반

면, 남성들은 지위 지향적 세계에서 산다고 말한다. 남성에겐 우월한 존재가 되는 일이 더 중요하고 여성에겐 조화로운 관계가 더 중요하다고 한다. 그렇다고 해서 여성에게 사회적 성공이 중요하지 않다는 말은 아니다. 다만 그것이 대부분 여성에게 최고로 중요한 요소는 아니라는 것이다. 따라서 연인이나 배우자로부터 원하는 것을 받지 못할 때 여성은 그에 따른 영향을 더 크게 받는다.

통계자료도 이를 뒷받침한다. 여러 연구 결과는 남성이 여성보다 배우자와의 관계에 대한 만족도가 더 크다는 사실을 보여준다. 현재 아내와 다시 결혼하겠다는 남자가 현재 남편과 다시 결혼하겠다는 여자보다 확률적으로 많다. 남녀관계를 놓고 보자면 여성이 남성보다 관계에 대한 기대가 더 크며, 따라서 실망도 더 크다는 사실을 알 수 있다. 하지만 잘 표현하지 못하고 의식적으로 대처하지 않을 뿐이지, 사실은 관계 속에서 외로움을 느끼는 남성도 많다. 나에게 찾아오는 의뢰인 중에는 이야기를 듣다보면 너무나 안타까운 나머지, 그의 아내를 호되게 나무라고 싶은 사람도 있다. 그는 가족을 행복하게 해주기 위해 온갖 궂은일을 마다하지 않는 다정한 아빠이자 남편이었다. 하지만 아내는 그의 어떤 노력에도 만족하기는커녕 늘 차가운 뒷모습만 보여줄 뿐이었고, 그는 의사도 의학적 이유를 파악할 수 없는 협심증을 얻게 되었다. 각기 반응이 다를 뿐, 남자와 여자 모두 관계 속에서 외로움에 시달릴 수 있다는 이야기다.

외로움은 종종 우울증이나 두통으로 오해받는다

⋮

우선 분명하게 이야기해두자. 사랑이 싹틀 때처럼 상대방과 깊은 이야기를 나누는 일이 줄어들고, 그저 일상생활을 함께할 뿐 로맨틱한 분위기는 이미 사라진 지 오래라면, 당연히 외로움이 찾아온다. 하지만 이런 종류의 외로움은 많은 커플들에게서 볼 수 있는 가벼운 초기 증세라고 할 수 있다. 이런 상태를 둘 다 깨닫고 있다면 다시 가까워지기 위한 노력이 요구되며, 이를 위해서는 종종 시간과 의지가 필요하다.

사실 배우자나 연인이 있으면서도 외로운 경우, 이를 파악하기가 무척 어렵다. 대부분 잘못된 통념 탓이다. 우리는 보통 싱글이거나 친구가 없는 사람만 외로움에 시달린다고 생각한다. 고정된 관계 속에서 살아가는 사람은 불행하거나 불만족스러울 수는 있지만 외롭지는 않다고 여긴다. 그래서 외로움을 겪는 사람을 비롯해 주변 사람들, 심지어 전문가들조차도 여기에 다른 이름을 붙이기 일쑤다. 외로움의 증세를 생활에서 즐거움을 찾지 못하는 데서 오는 우울증이라고 여기거나, 두통이나 심장병으로 인한 심신의 장애로 파악하기도 한다. 두 사람의 관계에서 남성이 짜증을 내면 과로 탓으로 돌리거나, 여성이 예민하게 반응하면 생리나 폐경기 탓으로 돌리기도 한다. 하지만 그럼에도 불구하고 이 모든 증세는 기본적으로 원인이 같다. 배우자와의 불행한 관계에서 오는 고립감이 주요한 원인인 경우가 많다는 뜻이다.

게다가 상대방의 갖가지 행동 패턴이 나를 외롭게 만들 수도 있다. 그러한 행동에 자신은 얼마만큼 책임이 있는가 하는 부분은 나중에 이야기하도록 하자. 일단 상대방의 태도가 다음에 묘사된 여러 행동 패턴 중 하나에만 해당되더라도 외로움을 느낄 이유는 충분하다. 만약 두세 개에 해당된다면 외로움은 더욱 확실해진다. 아래 묘사 중 몇 개는 전형적인 남성의 행동이며, 몇 개는 여성의 행동에서도 많이 볼 수 있다. 필요하다면 관계가 어떤 상태인지 점검하기 위해 다음 체크리스트를 확인할 수도 있다.

- 상대방에게서 부드러움은 찾아볼 수 없다. 남편을 안으려고 하면 거절하거나 나무판처럼 굳어버린다. 쓰다듬지도 않고 섹스를 할 때도 부드러운 터치가 없다. 아내가 다정한 몸짓을 전혀 보여주지 않는다. 개나 아이들이 부러울 때가 있을 정도다.
- 성관계가 거의 없거나, 있다 해도 드물고 기계적이다. 어쩌면 남편 혼자 포르노를 보면서 욕구를 해소할 수도 있다. 자신이 매력 없으며 도구로 사용되고 있다는 느낌마저 든다. 아내가 명확하지 않은 이유로 잠자리를 피하거나 침대에서의 능력에 대해 경멸조로 이야기하기도 한다.
- 당신이 하는 일은 뭐든지 비판의 대상이 된다. 아무리 열심히 노력한다 해도 절대로 상대방의 마음에 들지 않는다. 잘한 일

에 대해서는 그것이 당연하며 일반적인 것이라고 여긴다.

- 상대에게 계속 통제당하는 상태다. 배우자가 당신이 어디로 가는지, 얼마나 돈을 쓰는지, 누구에게 웃음짓는지 등을 하나하나 체크한다.

- 배우자가 아무런 감정을 보이지 않는다. 말할 때도 냉정하게 속내를 감추고 "보통 사람들은"과 같은 식으로 표현한다. 당신이 감정을 드러내면 히스테리를 부린다고, 혹은 엄살을 떨거나 비합리적으로 행동한다고 말한다.

- 아내 혹은 여자친구가 냉랭하고 불친절하게 대한다. 절대 약한 모습을 용인하지 않는다. 상대의 따뜻함과 다정함이 그립다.

- 남편 혹은 남자친구가 거의 말을 하지 않는다. 어떻게 그를 감동시킬지 도무지 알 수 없다. 두 사람의 관계에 대해 얘기해보려 해도 항상 입을 다물고 있거나 방을 나가서 TV 앞에 앉거나 아예 집을 나가버린다.

- 배우자가 가족 부양의 의무를 미루거나 당신의 삶을 전혀 책임지지 않으려 한다. 상대의 무능력이나 무책임함으로 인해 같이 힘을 합쳐서 문제를 해결하기가 어렵다.

- 배우자가 당신을 무시한다. 다른 사람 앞에서 굴욕을 당하거나 우스갯거리가 되기도 한다. 상대는 당신이 얼마나 어리석고 무능하고 서투른 사람인지를 사람들 앞에서 보여주려 한다.

- 배우자가 폭력을 휘두른다. 남편 혹은 남자친구가 분노를 억

제하지 못하고 거칠게 행동한다. 아내 혹은 여자친구가 사소한 일에도 화를 내고 폭발한다.

- 남편 혹은 남자친구가 계속해서 속이고 바람을 피운다. 그에 대해 지적하면 당신과는 상관없다거나 남자란 다 그렇다는 식으로 대답한다. 아내 혹은 여자친구를 믿을 수 없다. 힘든 순간에 당신을 모른 척하거나 다른 사람에게만 친한 척한다.

- 배우자가 마마보이다. 항상 뭐든지 엄마가 먼저다. 매일 엄마에게 전화하고 자주 집에 찾아가며 엄마와 같이 휴가를 계획한다. 싸움이 났을 때 항상 엄마 편을 든다. 당신은 상관하지 않는다.

- 배우자가 자기중심적이다. 모든 것이 본인 중심으로 돌아가며, 자신의 고통이나 성공, 경험을 모든 것에서 앞세우고, 본인의 이야기를 가장 중요하게 여긴다. 당신이 이야기를 시작할라치면 바로 지루한 표정을 짓는다.

- 배우자가 지나치게 독선적이다. 차를 사는 데서부터 휴가지를 선택하는 것까지, 항상 무엇을 해야 할지, 무엇이 옳은지 자신이 판단하려 한다. 간혹 당신이 의견을 피력하면 들으려 하지 않는다. 당신이 적극적으로 의견을 표현하면 부정적인 면만 지적할 뿐이다.

- 배우자가 집에 있는 경우가 거의 없다. 일 때문에 그렇다. 밤늦게 집에 들어오거나 완전히 지쳐서 온다. 아니면 항상 출장을

간다. 주말이면 심신회복을 핑계로 누워만 있다. 당신은 혼자
사는 것과 진배없다. 아이가 있다면 혼자서 아이를 키우는 싱
글맘 혹은 싱글대디가 된 것 같다.

· 아내나 여자친구가 항상 자신의 일에 몰두해 있으며 당신을 귀
찮아한다. 그녀에게 부담스러운 존재 같은 느낌이 든다.

같이 있을 때의 외로움이
혼자일 때의 외로움보다 견디기 힘든 이유

친구가 나를 실망시키면 극단적으로는 그와의
관계를 정리해버리면 그만이다. 직장을 잃거나 일에 실패했다면
어쨌든 다른 일을 알아보면 된다. 하지만 사랑에 관한 문제는 좀 다
르다. 완전히 포기하게 되는 순간이 오기 전까지는 어떻게든 해결
해보려고 한다. 그 싸움은 어느 순간 죽기 살기로 치열해지기도 한
다. 사실 이것은 감정적 생존의 문제이기도 하다. 사랑에 바탕을
둔 관계의 본질을 생각해본다면 이해할 수 있는 부분이다.

모든 밀접한 관계는 자녀와 부모의 사랑이 전이된 형태다. 사랑
을 시작하는 순간, 무조건적이고 무제한적인 애정이 봇물처럼 다
시 터져나온다. 그리고 사랑을 통해 궁극적으로 자신의 존재가 통
째로 받아들여지기를 바란다. 특히 부모에게 사랑받은 경험이 없

을 경우 이런 기대는 더 커진다. 사랑의 관계를 통해 우리는 절대적인 목표에 도달하고 싶어한다. 종종 부모와 닮은 상대를 선택하는 이유가 바로 여기에 있으며, 그 이면에는 은밀한 도전과제가 숨어 있다. '정말로 열심히 노력하면 남편 혹은 아내의 모습을 한 냉정한 아빠 혹은 자기중심적인 엄마가 결국은 나를 사랑하도록 만들 수 있을 거야.' 다분히 분석심리학적인 표현 같지만 실제로 이와 같은 무의식적 사고가 내면에 흐르는 경우가 많다. 미국의 부부관계 전문 정신과 의사 에런 벡Aaron T. Beck은 다음과 같이 단언한다.

"결혼이나 그와 유사한 장기적 남녀관계는 삶에서 겪는 다른 관계와는 매우 차원이 다르다. 오랫동안 관계를 지속하고자 하는 목적으로 커플이 함께 살면 서로에 대한 어떤 기대가 점점 커진다. 관계가 깊어질수록 한없는 사랑과 충실함 그리고 지원을 바라는, 오랫동안 감추어온 열망이 고개를 드는 것이다."

관계의 초기에는 꿈꾸던 모든 열망이 실현되므로 자신이 엄청난 행운아라고 여긴다. 사랑에 빠지면 서로에게 가장 중요하고 아름다우며 흥미로운 존재가 되기 때문이다. 하지만 불행히도 꿈이 이루어지는 시간은 일시적이고, 곧 현실에 의해 꿈에서 벗어난다. 보통은 조금씩 현실에 적응해가기 마련이다. 남편 혹은 남자친구가 동화 속 왕자님이 아니라 실수도 하고 단점도 있는 사람이며, 아내 혹은 여자친구가 내가 원하던 그 완벽한 여성이 아니라는 사실을 받아들인다. 그럼에도 불구하고 행복한 관계는 지속될 수 있다. 하지만 상대방이 너무 많은 문제를 안고 있으며 그것이 행동으로 드러날 경우, 어린 시절의 상처가 다시 살아난다. 마치 집에서 쫓겨난 아이처럼 외롭고 동떨어진 느낌이 드는 것이다. 자신의 가치와 매력, 여성성 혹은 남성성에도 의문이 생긴다. 버려진 것 같은 느낌마저 든다. 그 고통은 말할 수 없이 큰데, 특히 충족감을 주는 관계에 대한 애착이 강하고 감정적으로 예민하게 반응하는 여성이 남성보다 대체로 더 많이 괴로워한다. 따라서 같이 있을 때의 외로움은 혼자일 때의 외로움보다 더욱 견디기 힘들 수 있다.

변화를 위한 투쟁

배우자와 함께 있으면서도 외로움에 시달린다면 분명히 그 상태를 끝내기 위해 여러 노력을 해보았을 것이다. 어쩌면 각자의 상황에 따라 다음과 같은 방법들도 시도해보았을 것이다.

당신이 여성이라면

- 자신의 문제에 대해 이야기하거나
- 심리치료사의 연락처를 찾아서 상대방의 책상에 붙여놓고 그가 문제 해결에 나서도록 유도한다.
- 더이상 어찌해야 할 바를 알 수 없어서 부부문제 상담사와 상담 약속을 잡는다.
- 조용히 받아들이면서 상대가 만족하기를 기대해본다.

- 배우자와의 관계 개선에 필요한 조언을 얻기 위해 책을 읽는다.
- 배우자 행동의 원인을 분석하고 깊은 이해심으로 받아들이려 노력한다.
- 배우자를 다정하게 대하고 그의 말이면 뭐든지 들어준다.
- 울거나 소리지르고, 분노하고 말싸움을 한다.
- 차갑게 대하거나 침묵과 섹스에 대한 거부로 그에게 벌을 준다.

당신이 남성이라면
- 그녀에게 선물을 한다.
- 그녀를 위해 특별한 뭔가를 한다.
- 상대가 만족하기를 바라며 자신을 포기한다.
- 말싸움을 한다.
- 침묵과 냉정함, 바람피우기 등으로 그녀에게 벌을 준다.

지금 당신의 상태는 어떤가? 여러 노력을 기울였지만 기껏 해봐야 아주 약간의 변화가 생겼을 뿐이라고 생각한다. 그래봤자 모든 것이 곧 원래대로 돌아갈 것이라고 느낀다. 노력이 허사가 되었다는 사실은 좌절감을 더욱 부추기는 요소로 작용한다. '내가 원하는 대로 노력해봤지만 전혀 소용이 없어'라는 느낌만 남는 것이다. 이러한 좌절감으로 인해 더욱 폭력적인 방식으로 반응하게 된다.

머릿속의 살인자

●

⋮

        다소 충격적인 질문을 해보겠다. 배우자가 죽음에 이르는 사고를 당하는 상상을 하면서 해방감을 느낀 적이 있는가? 미국 심리치료학자 댄 카일리Dan Kiley는 부부관계라는 주제로한 수많은 강연과 직접 경험을 통해 상대방의 죽음에 대한 상상이야말로 오랫동안 지속된 외로움의 분명한 신호라는 사실을 발견했다. 이것은 살인에 대한 욕구와는 아무런 상관없는 공상이다. 괴로움을 어떻게 끝내야 할지 몰라서 차라리 상대방이 없어졌으면 좋겠다는 생각까지 하게 되는 것이다.

    무력감과 좌절감이 쓰라림을 안겨준다. '다른 사람은 행복해 보이는데 어째서 내 삶은 이렇게 불행할까'라고 자문하게 한다. 나를 찾아온 의뢰인에게서 종종 비슷한 불평을 듣는다. "선생님, 대체나만 왜 이렇게 사랑받지 못하는 괴로운 관계에 놓이는 걸까요? 내가 괴물인가요? 난 착하고 친절하고 예쁘고 옷도 잘 입고 부지런한사람이라고요! 다른 사람도 동의하더군요. 나를 다정하고 따뜻하게 대하지 않는 사람은 오로지 제 남편뿐이라고 말이에요. 정말 그는 나를 남 대하듯이 한다니까요." 이러한 응어리가 계속 마음속에 남아 있으면 결국 우울증을 불러온다. 대부분의 경우 상처받은 마음은 비꼬거나 빈정거리는 말투 혹은 분노의 폭발로 표현되곤 한다. 연장통을 뒤적이다가 결국 펜치를 찾지 못한 남편이 아내에게 묻는다. "펜치가 어디 갔지?" 그러자 아내가 쏘아붙인다. "몰라요! 늘 잘난 양반이니 펜치가 어디 있는지도 잘 아시겠지!" 반복되는 실망으로 인해 상대에 대한 미움을 키우고 마음속 깊이 상대를 경멸하게 된다. 결국 다음과 같은 짓궂은 표현이 등장한다.

- **여자의 말:** 남자들은 모두 소통 불능에다 냉정하며 자기중심적인 존재다. '죽은 남자만이 근사한 남자'라는 소설 제목은 정말 재미있고 놀랍도록 현실적인 제목이다. '남자 없는 여자는 자전거 없는 물고기와도 같다'(여자에게 남자란 존재는 물고기에게 있어서 자전거만큼이나 필요 없는 존재라는 의미—옮긴이)라는 속담도 완벽한 진실이다.
- **남자의 말:** 여자는 남자가 거칠게 대해주길 바라는 것 같다. 그리고 누군가 좀 잘해주면 금세 짓밟으려고 한다. 금발 여성에 대한 농담도 얼마나 의미심장한가? 누군가 묻는다. "왜 요즘은 금발 여자에 대한 농담이 없지?" 다른 사람이 대답한다. "세상 모든 여자가 멍청하다는 게 이제 다 밝혀졌거든."

쓸쓸함이 느껴지는 이 표현들은 공격적이라기보다는 오히려 무력함의 표현에 가깝다. 결국은 도와달라는 외침인 것이다. 거친 거부의 몸짓에는 포기되지 않는 사랑에 대한 갈망이 숨어 있다.

외로움을 보상하기 위한 여러 가지 방식

외로운 관계 속에서 감정적으로 살아남으려면 스스로를 표현하고 내면의 균형을 찾아야 한다. 관계 밖에서 구할 수 있는 여러 가지 보조수단을 소개하겠다. 여성의 경우 배우자에 대한 불만이나 슬픔을 친구에게 털어놓는다. 이는 식탁이나 여자들만의 저녁모임 혹은 전화 통화의 일반적인 주제이기도 하다. 영혼을 어루만지는 위로와 공감을 통해서 끓어오르는 불만을 잠시 동안이나마 잠재울 수 있으므로 아주 좋은 방법이다. 또다른 방법은 일에 몰두하는 것이다. 남자들은 대부분 회사일이나 취미생활을 선택한다. 여자들은 완벽한 엄마나 주부로서의 역할에 몰두하기도 한다. 여행이나 쇼핑도 기분 전환에 도움이 된다.

공상의 세계로 탈출하는 것도 효과적이다. 한 의뢰인은 소설을 읽음으로써 사랑 없는 결혼생활에서 오는 우울증을 극복한다고 얘기했다. 다소 허황되게 들릴 수도 있지만 신비주의나 점성학 등도 종종 도움을 주는 요소다. 남편 혹은 아내와의 인연이 전생의 특별한 업에 따른 것이고 믿거나, 내 별자리는 이성과 충돌이 생길 수밖에 없는 운명이라고 받아들이면, 어느 정도 위안이 된다는 사실을 부인하기는 어렵다. 결혼생활에서 부족한 부분을 다른 대상을 통해 채우는 경우도 있다. 특히 두 사람의 관계에서 외로움에 시달리면 제3자가 개입할 여지가 커지는데, 이는 종종 외도나 부정으로 이어질 수 있으므로 주의해야 한다. 부부 사이에 아이가 있을 경우 아이들이 대리만족의 도구로 이용되기도 한다. 아이가 어릴 때에는 배우자에게서 받지 못하는 한없는 사랑과 따뜻함을 충분히 준다. 나이가 들면 자녀는 좀더 구체적인 역할을 한다. 신뢰할 만한 존재가 되어 부모의 슬픔을 들어주고 격려와 지원을 아끼지 않는다. 이처럼 외로움을 보상하기 위한 여러 방식에는 한 가지 공통점이 있다. 고통을 해소하는 데는 도움이 되지만 치료에는 도움이 되지 않는다는 점이다.

이 외로움은 정말로 누구의 잘못인가? •

지금까지 우리는 두 사람이 함께하는 삶에서 발생하는 외로움의 중요한 특징을 살펴보았다. 하지만 결정적인 질문이 아직 남아 있다. 이 외로움은 정말로 누구의 잘못인가? 외로움을 촉발하는 동기의 목록을 한번 더 읽어보면 대답이 확실해질 것이다. 당연히 상대방이다! 많은 경우 나의 외로움이 상대의 문제 행동에서 비롯된다는 것은 부인하기 어렵다. 하지만 그렇다고 해서 나만 불쌍한 희생자인 것은 아니다. 과연 나에게는 책임이 없는가 하는 문제도 신중하게 생각해볼 필요가 있다. 불만족스러운 소통의 당사자는 결국 양쪽이기 때문이다. 무의식적으로 서로에게 상처를 주는 관계의 중독성에 관해서는 상호의존성이란 용어로 설명할 수 있다. 상대방의 문제점이 나오는 상관없다 할지라도 하필이면 왜 그런 배우자를 선택했는지, 또 어째서 확실한 결론을 내리지 못하고 있는지에 대해서는 생각해보아야 한다.

배우자와 함께하면서도 외로움에 시달린다면 질문을 하나 해보자. 아무런 변화가 없다면 떠나겠다고 왜 배우자에게 말하지 않았는가? 아마 이런 질문을 하는 사람이 내가 처음은 아닐 것이다. 좋은 친구들도 이미 "네가 뭘 원하는지 그 사람에게 분명히 얘길 해야 해" 혹은 "인생을 망치지 않으려면 그 사람과는 헤어지는 게 좋아"와 같은 호의에서 오는 조언이나 충고를 해주었을 것이다. 그리고 아마도 당신은 "맞아. 그렇지만……"의 태도로 스스로를 정당화하며 친구들의 이야기를 반박했을 것이다.

네가 맞아, 하지만……

- 그렇지만 난 그/그녀를 사랑해.
- 아이들 때문에 어쩔 수 없어.
- 그렇게 되면 모든 게 더 나빠질 거야.
- 그러면 난 어떻게 살아야 해?
- 일 때문에 스트레스도 많은데 거기에 더 큰 스트레스를 떠안을 수는 없어.
- 가끔은 그 사람도 완전히 달라져.

- 살면서 모든 걸 다 가질 수는 없지.
- 나도 온갖 노력을 해봤지만 소용없었어.

물론 아예 근거 없는 이야기들은 아니다. 하지만 그 이유들을 내뱉는 순간에도 당신은 외로움을 참고 견디는 마지막 이유는 내부에 있다는 사실을 감지한다. 그것은 거울을 바라보는 일과 같다. 내부에 숨어 있는 외로움의 뿌리가 위험하다는 사실을 스스로도 알고 있다. 철저하게 사태를 주시하고 신중하게 다음 단계로 나아가지 않으면 (특히 여성의 경우) 나중엔 이런 생각에 빠지기 쉽다. '비난받아야 할 사람은 바로 나야.' 그러면서 다음과 같은 결론에 도달한다. '완벽한 사람이 되려면 스스로 더 노력하는 수밖에 없어. 그러면 결국 문제를 해결할 수 있을 거야.' 이런 마음가짐은 스스로에게 강한 압박을 가함으로써 결국 아무런 소득 없이 더 치명적인 결과를 불러올 수 있다.

좀 다른 시각으로 보기를 바란다. 뱀 앞에 놓인 토끼처럼 웅크리고 앉아서 배우자의 문제만 쳐다보는 태도는 책임 전가에 불과하다. 상대방에게 의존해서 삶을 바꾸고자 하는 것은, 자신의 힘을 스스로 빼앗아버리는 셈이다. 본인이 원치 않는 한은 이 세상 누구도 절대로 그를 변화시킬 수 없다. 따라서 외로움의 감정에서 해방되고 싶다면 자신부터 먼저 변화시켜야 한다. 그러려면 무엇보다 분석이 필요하다. 다음과 같은 질문에 대해 먼저 답해보자. 나는 어째서 배우자가 있는데도 외로운 걸까? 외로움을 느끼지 않는 사람도 많지 않은가. 당신은 같이 있으면서도 외로움을 느끼는 타입인가? 이런 종류의 외로움을 느끼는 사람은 내면적으로 비슷한 성향을 갖고 있다. 다음은 여성과 남성 모두에게 해당되는 성향들이다. 혹시 당신에게도 그런 성향이 있는지 확인해보라.

- 사람들 앞에선 영리하게 잘 감추고 살지만 사실 당신은 자존감이 낮다.
- 자신에 대한 배려와 시간과 돈, 존중을 요구하지 못하는 타입이다.
- 당신은 자신의 가치를 잘 느끼지 못한다. 자신의 능력이나 아름다움, 매력과 능력 등.
- 따돌림이나 거절에 매우 민감하게 반응한다.
- 짜증이나 분노를 표현하는 일에 매우 서투르다.
- 당신에게 가해지는 비하와 감정적 상처, 모욕과 욕설 등에 대해 감정적으로 느리게 상처를 받는 편이다.
- 어린 시절 보살핌을 잘 받지 못했다.
- 정신적 고통을 스스로 해결할 수 없다고 믿고 무기력함을 느낀다.
- 죄의식을 빨리 느끼는 편이다.
- 완벽한 사람이 되기 위해 노력한다.
- 다른 사람을 위해 지나친 짐을 떠맡는다.

너무 성급하게 '아냐, 이건 진정한 내 모습이 아니야!'라고 외치지 않기를 바란다. 그게 당신 내면의 요소란 것도 잊으면 안 된다. 겉으로 당신은 아주 다르게 보일 수 있다. 자신감이 넘쳐 보인다. 단호하게 행동하며 꽤 매력적이다. 친구들 사이에서, 파티 등에서 항상 주목받는다. 일에서도 성공가도를 달리고 있다. 당신은 적극적이며 여러 가지 책임을 완수하느라 항상 스트레스를 받는다. 하지만 당신은 바깥세상에 보여주는 모습과는 달리, 내면이 어떤 모습을 하고 있는지 잘 안다. 자존감이 낮은 사람이라면 배우자와의 관계에서 외로움을 느낄 가능성은 아주 높다. 그래서 불안하고 수동적으로 행동하게 되는 것이다. 소통을 더 잘하기 위한 기술이나 재주를 배우는 것은 아무런 도움이 되지 않는다. 중요한 것은 자존감을 높이는 일이다.

내면의 힘을 기르기 위한 몇 가지 방법 ●

변화의 전제조건은 자기 자신에 대해 좀더 잘 아는 것이다. 자신 속으로 깊숙이 들어가서 문제를 헤쳐나가는 일은 매우 힘겹다. 어쩔 수 없이 내면의 두려움과 대면해야 하기 때문이다. 하지만 동시에 발전해나간다는 커다란 기쁨도 느낄 수 있다. 다음은 스스로 내면의 힘을 기르기 위한 방법이다. 함께 있으면서도 외로움에 시달리는 지금의 모습을 진정으로 바꾸고 싶다면 네 단계 방식을 통해 해결책을 찾아보자.

첫번째 단계. 물러나기

그간 상대를 사랑하는 마음으로 노력했을 수도 있고 상대에게 맞춰주려고 애썼을 수도 있다. 짜증과 분노의 반응을 보였을 수도 있고 포기하고 슬퍼하며 뒤로 물러섰을 수도 있다. 갖은 노력이 수포로 돌아간 이유는 지금까지 꼼짝달싹 못하고 관계 속에 갇혀 있었기 때문이다. 마치 양옆에 버티고 있는 울타리 사이를 뚫고 들어가려고 했던 셈이랄까. 그러므로 첫번째 단계는 일정 거리를 두고 충동과 반응이라는 엄청난 재앙의 불씨로부터 자신을 해방시키는 것이다. 얼핏 보기에는 현실에 굴복하는 것 같지만 진정한 의미의 구원이 될 것이다.

- 배우자가 다정함을 보여주거나 약물중독으로부터 벗어나 치료를 받겠다는 의지, 혹은 성찰의 모습을 보여줄 것이라고 기대하고 있다면 그 기대를 접는 것이 좋다. 생각의 전환을 통해서 다음과 같이 말해보라. "그 사람의 행동은 전적으로 그 사람의 선택이야."
- 무의식적으로라도 갈등을 촉발하거나 도발하지 말라. 그 대신 간단하고 냉정한 문장으로 상황을 마감하는 것이 좋다. 배우자

가 당신을 비판하면 자신을 옹호하려 하기보다는 그저 "당신
은 그렇게 보지만 난 다르게 생각해요"라고만 말하라.

- 배우자가 친구들 앞에서 당신을 망신시킬 때 평소처럼 화내거
나 반박하지 말고 차분하게 말한다. "다른 사람 앞에서 나를 놀
리는 거 난 별로 좋아하지 않아요." 말싸움이 시작되려 할 때는
이렇게 말하라. "말싸움은 하고 싶지 않아요."

두번째 단계. 대면하기

다음은 자기 자신과 대면하는 단계다. 마음 깊은 곳에서는 진실
을 알고 있다. 무엇을 두려워하는지, 또 무엇이 방해되고 도움되는
지를 잘 알고 있다. 그리고 이런 부분을 통해서 스스로와 대면할 수
있다. 우선 자신과 대면하기 좋은 환경을 만들 필요가 있다. 아무
것도 방해하지 않는 혼자만의 시간을 마련하라. 산책을 하거나 조
용한 시간에 일기를 쓰거나 명상을 하거나 얼마간 몽상에 빠지는
것도 좋다. 자신에게 맞는 방식을 찾았다면 내면세계를 탐험하기
위해 다음 질문들을 활용해본다. 생각에만 사로잡히지 말고 내면
의 소리를 듣기 위해 귀기울여야 한다. 가능하다면 그 결과를 목록
형태로 자세히 적어보자.

- **내 배우자는 나 스스로 얻을 수 없는 어떤 것을 주는가?** 나에
대한 높은 평가와 확신, 안정감과 힘, 확고한 태도와 에너지,

돈과 특권, 따뜻함과 지원.

- **일상을 어떻게 만들어갈 것인가?** 현재 실현 가능한 방법으로 어떻게 삶을 이끌어갈 것인지 생각해보라. 악기를 배우거나 여행하거나 일을 줄이는 것.

- **내 배우자는 삶에 어떻게 방해가 되는가?** 친구들을 집으로 더 자주 초대하고 싶은데 배우자가 너무 무례하게 행동하는 바람에 계획을 포기하고 만다. 동료들과 일주일에 한 번은 축구를 하고 싶은데 배우자가 하도 난리를 피우는 통에 결국 포기하고 만다.

- **배우자와의 관계에서 무엇이 두려운가?** 가령 그(그녀)의 분노와 냉정함, 소리지르는 버릇, 침묵과 눈물, 나를 망가뜨리겠다는 위협, 재정적 압력. 이러한 두려움은 어디서 비롯되었는가?

- **일반적으로 내가 두려워하는 것은 무엇인가?** 외로움과 이별의 고통 혹은 죄의식. 이 모든 것이 어디서 비롯되었는가?

- **나는 어떤 철학을 가지고 살아가는가?** '지지 않으려면 절대 포기하지 말아야 한다.' '사랑을 쟁취해야만 한다.' '혼인서약은 꼭 지켜야 한다.'

- **여성으로서 나는 어떤 역할에 맞추어 살아가고 있는가?** 독립적인 여성은 절대 동의하지 않겠지만 혹시 무의식적으로 다음과 같은 명제 속에 살아가고 있지 않은가? '남성이 여성보다 능력이 더 뛰어나다.' '좋은 여성이라면 남편에게 무한한 지원을 아

끼지 말아야 한다.' '여성은 가족을 위해서 소망을 뒤로 감추어
야 한다.'

- **남성으로서 나는 어떤 역할에 맞추어 살아가고 있는가?** '남자
  는 항상 강해야 해.' '여자에게 잡아먹히지 않으려면 항상 조심
  해야 한다.'

세번째 단계. 전환하기

이전 단계에서 당신의 두려움과 더불어, 살면서 중요하게 여기
는 생활철학, 규칙을 살펴보았다. 이제 삶에 방해되는 태도를 약화
시키고, 긍정적이고 자신감 넘치는 태도를 키워보자. 스스로가 품
고 있는 두려움과 생활철학, 그리고 규칙의 목록을 훑어보라. 무엇
이 삶을 망치는지 표시해보자.

- **당신에게 해가 되는 철학을 내려놓고 긍정적인 철학으로 새롭
  게 바꿔보자.** '사랑을 쟁취해야 해'라는 명제 대신 '나는 내 모
  습 그 자체로 사랑받을 자격이 있다'고 말해보라. 또 '난 배려
  하는 사람이 되어야 해'라는 명제 대신에 '이제 내 차례야!'라
  고 말하라.
- **강인한 생각으로 두려움을 잠재우라.** 이별의 고통이 두렵다면
  '그래도 친구가 나를 도와줄 거야' 혹은 '지금은 힘든 시기지만
  곧 좋아질 거야'라고 생각해본다.

- **새로운 깨달음으로 오래된 역할을 바꾼다.** '남자는 항상 강해야 해'라고 말하는 대신 '나도 가끔은 약한 모습을 보일 권리가 있어'라고 말하라. 또 '좋은 여성이라면 남편에게 무한한 지원을 아끼지 말아야 한다' 대신 '누구를 지원할지는 내가 결정해'라고 말하라.
- **긍정적인 생각을 별도의 목록에 기록해둔다.** 규칙적으로 자신이 적은 목록을 읽어본다. 중요한 내용은 매일 여러 번, 주문을 외듯이 되풀이해서 마음속 깊이 자리잡도록 한다.

네번째 단계. 실천하기

이번 단계는 긍정적인 생각을 실천에 옮기는 것이다. 새로운 지침이 어떻게 실현될 수 있을지 생각해보자.

- **자신의 두려움과 마주하라.** 도망치지 말고 괴로운 상황과 마주함으로써 자신에게 일어나는 상황을 깨닫도록 한다. 외로움이 두렵다면 하루 중 시간을 정해서 일부러 외로움을 느낄 수 있는 상황을 만든다. 텔레비전이나 라디오 혹은 음악을 끄고 자신의 느낌을 응시해보라. 혹시 분노나 짜증이 넘치는 상황이 두렵다면 그 상황과 대면해보라. 그리고 관찰자의 시선으로 바라보라. 배우자가 정확하게 어떤 행동을 하는가? 신체적·감정적으로 나는 어떤 반응을 하는가?

- **새로운 철학과 규칙에 따라 실천하기.** 만약 당신이 '이제 내 차 례야!'라는 모토에 맞추어 살고 싶은 여성이라면, 배우자가 미술에 관심이 없다고 해서 그냥 같이 집에만 있지 말고 혼자서 라도 전시회에 가보라. 또 당신이 '나도 가끔은 약한 모습을 보일 권리가 있어'라는 모토를 가진 남성이라면 아내 앞에서 자신의 나약함을 인정해도 된다.

변화는 무엇을 불러오는가?

지금까지와 다르게 행동하는 순간부터 결과가 달라지기 시작한다. 두 사람 사이가 아무리 불만족스럽다고 하더라도 그 관계에는 공유된 패턴이 존재한다. 예를 들어 당신이 남편을 향해 소리치면 그는 화내면서 방을 나가는 식이다. 혹은 당신은 아내와 잠자리를 하고 싶지만 그녀는 늘 '머리가 아파요'라며 거절한다.

새로운 태도로 이전까지 잘 기능하던 습관에서 탈피하면 불확실성이 생겨나고, 이로 인해 격렬한 반응이 나타난다. 이전까지의 습성은 우리가 포기하고 싶지 않은 일종의 균형을 제공해왔던 셈이다. 놀이터의 시소를 예로 들 수 있겠다. 두 아이가 시소에 앉으면 한 아이는 위로, 다른 한 아이는 밑으로 가게 된다. 그러다 한 아이가 예고 없이 시소에서 뛰어내리면 다른 아이는 맨땅에 세게 내동 댕이쳐진다. 이 원칙이 배우자와의 관계에서도 감정적으로 똑같이 적용된다. 상대방이 반대하더라도 확고하게 뜻을 관철시켜야 한 다. 이제부턴 절대로 예전의 룰을 따르지 않겠다고.

두 사람이 관련된 모든 관계는 하나의 시스템이다. 시스템은 한 쪽 부분이 바뀌면 전체가 바뀔 수밖에 없다. 또 사람이 바뀌면 관계 도 변하게 된다. 어떤 방식으로 변화될지 처음에는 정확하게 모른 다. 모든 것이 가능하다. 배우자가 실수를 깨닫고 태도를 바꿀 수 도 있다. 아니면 수년 동안 의미 없이 시간만 낭비했다는 사실을 깨 닫고 드디어 용기를 내 이별을 선택할 수도 있다. 어쩌면 부부 상담 치료라는 해결책을 찾을 수도 있다.

어떤 경우든 우리는 더이상 외로움의 희생자가 아니다. 충분히 내면의 힘을 키워, 스스로 삶을 결정하고 제멋대로 구는 상대방의 태도에 따라 내 기분과 태도가 좌우되지 않도록 한다.

7장

모든 상실의 기억이
우리를 외롭게 만든다

이별과 외로움의 상관관계

● 　　　　두 눈을 감고 살면서 겪은 가장 큰 상실감이 무엇인지 떠올려보자. 대부분 어떤 기억이 바로 되살아날 것이다. 그런 경험을 한 번도 하지 않는 사람은 거의 없기 때문이다. 나이가 들수록 상실감을 느끼는 일도 많아진다. 학교가 바뀌고, 친구들과 헤어지고, 이사를 간다. 첫사랑과 헤어지고, 직장을 잃고, 부모님이 돌아가시고, 연인과 이별을 하며, 좋아하던 동료가 다른 부서로 전출된다. 회사가 해체되고, 이혼을 겪으며, 아이들이 집을 떠나기도 한다. 위엄이나 기쁨, 미모와 사랑, 혹은 자존심 같은 요소들 역시 점점 사라지기 마련인데, 이런 종류의 상실은 그 아픔이 더 오래간다. 상실의 순간마다 슬픔이 따르고, 마치 나의 일부분이 떨어져나

간 것 같은 느낌이 든다.

　심리치료학자 샌드라 캐플란Sandra Caplan과 고든 랭Gordon Lang
은 잃어버린 것의 목록을 만들어보라고 제안한다. 커다란 종이 위
에 날짜별로 하나씩 적어보는 것이다. 이런 식으로 상실 목록을 만
들다보면 그 목록이 생각보다 훨씬 길어서 놀랄지도 모른다. 이 같
은 의식적 반영을 통해 보통 잊고 지내는, 상실의 기억을 떠올릴 수
있을 것이다. 어떤 상실은 천천히 찾아오기 때문에 미리 그에 대한
준비를 할 수 있다. 예를 들어 회사가 외국으로 자리를 옮긴다는 사
실을 반년 전에 알게 되는 경우다. 하지만 갑자기 찾아오는 상실도
있는데, 배우자가 다른 사람과 사랑에 빠져서 관계를 끝내자고 할
때가 그런 경우다. 목록에 적은 상실의 종류가 무엇이든 한 가지는
분명하다. 인생에 확실한 것은 없다는 사실이다.

상실은 균형을 깨뜨린다　　　　　　　　　　●

⋮

　　　　　　　　다행히 우리는 이 기본적인 불안을 늘 의식하고
사는 것은 아니다. 우리는 대개 안정된 인생을 살아가고자 한다.
밤마다 땀에 흠뻑 젖어 깨어나 다음날 찾아올 예측 불가능한 상황
을 상상하며 벌벌 떨지는 않는다. 만약 그렇다면 모두 신경쇠약에
걸리고 말 것이다. 우리는 구체적인 이유 없이는 상실의 가능성에

대해 상상하지 않도록 만들어진 존재다. 하지만 정말로 상실의 순간이 찾아오면, 즉시 공허함을 느끼며 추락하곤 한다. 그리고 균형을 잃는다. 여기에는 일종의 규칙이 있다. 예전에 삶의 위태로움을 느낀 적이 있는 사람은 현재 상태에 더 강하게 집착하며, 상실을 겪으면 그만큼 더 절망한다. 어떤 면에서는 마음을 깊게 건드리는 모든 상실의 기억이 우리를 외롭게 만든다. 비슷한 경험을 한 사람들과 아무리 생각과 느낌을 공유한다고 할지라도 거기엔 한계가 있다. 내가 느끼는 슬픔과 비통함, 고통과 실망의 감정을 스스로 극복해나가는 것이 중요하다. 누구도 대신해줄 수 없다. 내가 겪는 감정으로 인해 행복에 겨워할 수도 있고, 타인으로부터 고립될 수도 있다. 그것은 마치 사람들이 많은 파티에서 치통에 시달리는 상황과 같다. 다른 손님들이 위로해주거나 진통제를 가져다줄 수는 있지만, 대신 아파줄 수는 없다. 육체적 통증은 기분좋은 사람들 틈에서 나를 이방인처럼 여겨지게 만든다.

어떤 종류의 상실이 가장 치명적인지는 자신만이 알 것이다. 인생에서 겪는 온갖 종류의 상실 중에서도 여기서는 사랑하는 사람에 대한 상실을 다루고자 한다. 이러한 상실이 외로움과 가장 크게 관련되기 때문이다. 혹시 당신이 건강이나 직업, 고향이나 경제적 안정과 관련된 다른 종류의 상실로 인해 외로움을 느낀다면 그에 대해서도 이 장에 나오는 내용이 도움을 줄 수 있을 것이다. 또한 외로움 속에 갇히지 않고 자신만의 특별한 상실의 상황을 헤쳐나

가는 방법도 제시된다. 슬픔의 시기와 사랑하는 사람을 잃은 괴로움을 극복하는 방식은 같은 원칙에 기반을 둔 것으로, 여러 다른 상황에서도 적용할 수 있다.

성공적인 이별은 특정한 과정을 거친다　　　　　●

급격한 감정적 위기에 시달리는 사람에게는 심리치료사가 일종의 소방관 역할을 한다. 이들은 위기에 처한 사람들이 상황을 잘 헤쳐갈 수 있도록 힘이 되어준다. 의뢰인이 긍정적인 태도로 일어나 변화된 상황을 극복할 수 있을 때 치료는 끝난다. 내 경험상 사람들이 가장 많이 처하는 위기 상황은 이별이다. 특히 여기서 한 가지 공통점을 발견했다. 대부분 사람들이 이별에 대해 거의 똑같은 내면적 과정을 겪는다는 점이다. 몇 주 혹은 몇 달 동안, 대부분이 비슷한 단계를 거친다. 이를 통해 성공적인 이별은 항상 특정한 과정을 거친다는 과학적 이론을 새삼 확인할 수 있었다.

당신이 지금 막 이별을 겪었다면 심리학적 원리에 바탕을 두고 그것을 해결하고 싶은 마음은 전혀 없을 것이다. 그저 상처입은 마음을 부여잡고, 잃어버린 것에 대해 생각하며 간신히 하루하루를 보내고 있을 것이다. 하지만 가능하다면 상실을 받아들이는 과정에 대해 눈을 돌려봤으면 좋겠다. 이를 통해 외로움의 심연에서 빠져나와 다시 일상으로 복귀하는 길을 찾을 수 있다. 심장이 이별을 받아들이지 못하고 저항하더라도, 머리는 현실을 곧 인식하고 받아들일 것이다. 이 과정은 자신이 서 있는 곳이 어디인지 보여주는 일종의 내면적 지도와 같은 역할을 한다. 하지만 실제 지도와 달리, 내면의 지도는 모호한 경계들로 넘쳐난다.

앞으로 갔다 뒤로 갔다 혼란스럽다. 이전 단계로 돌아가기도 하고 성급하게 다음 단계로 도약하기도 한다. 하지만 각 단계에 시간이 얼마나 필요한지는 전적으로 당신에게 달려 있다. 1년 정도는 경험으로써 가치가 있다고 하겠지만 그것도 고정된 규칙은 아니다. 친구나 다른 사람들이 "이제 이 문제에서 벗어나야 해"라고 말하며 몰아붙인다고 해서 지나치게 자신을 밀어붙일 필요는 없다. 외로움에서 벗어나고 싶다면 이별의 과정에 오랫동안 갇혀 있지 말아야 하지만, 반대로 성급하게 다음 단계로 건너뛰는 것도 좋지 않다. 그것이 새로운 관계에 부메랑이 되어 돌아올 수도 있기 때문이다. 외로움에서 벗어나기 위한 이 특별한 방식을 좀더 살펴보자.

1단계. '이런 일이 일어나다니 도저히 믿을 수 없어' •

이 단계에는 상실의 충격이 아직 매우 크다. 사랑

하던 사람이 나에 대한 감정이 식고, 등돌렸다는 사실에 어리벙벙해져서 도저히 믿을 수 없다. 마치 깨어나기만 하면 안도의 한숨을 쉴 수 있을 것만 같은 악몽처럼 느껴진다. 그리고 이것은 그저 지나가는 문제에 불과하다고 애타게 믿고 싶어진다. 지금 모든 것을 바로잡는다면, 관계를 유지하기 위해 진심으로 노력하기만 한다면 전부 좋아질 것이다.

"선생님의 경험담을 들려주실래요?" 한 의뢰인이 기대에 찬 목소리로 물었다. "여자들은 대체로 이별에 대해 한 번 더 생각하지 않나요?" 그의 몰골은 정말로 처참했다. 눈 밑에는 다크서클이 내려와 있었고 수염은 사흘 동안 깎지 않은 것처럼 보였다. 손은 떨리고 있었고 입술은 계속해서 자신의 잘못을 되뇌고 있었다. "내가 나빴어요. 아내가 하는 말을 전혀 귀담아듣지 않았죠." 그는 일이 최우선이었던 컴퓨터 전문가였다. 항상 고객이 먼저였고 가족은 뒷전이었다. 수년 동안 그는 부인의 바람을 항상 무시했다. 그런데 어느 순간 너무 늦어버린 것이다. 부인은 다음과 같이 단호하게 선언했다. "이젠 끝났어요. 당신을 더이상 사랑하지 않아요." 그제야 비로소 일이 하찮게 느껴졌다. 자신이 무엇을 잃어버렸는지 깨달은 것이다. 그는 모든 것을 되찾기를 바라고 있었다.

당신이 이별로 인한 위기의 첫 단계에 있다는 것은 다음과 같은 징후를 통해 알 수 있다.

- 지난날 그 사람과 나누었던 행복한 경험을 계속해서 떠올린다.
- 그 사람과 연락하려 애쓴다. 전화를 하거나 편지를 쓰거나 '우연히' 그 사람과 마주치기 위해 노력한다.
- 사랑을 되찾기 위해 뭐든 할 용의가 있다.
- 매력적으로 보이기 위해 안간힘을 쓴다.
- 그 사람이 과거에 당신에게 바랐지만 얻지 못했던 모든 것을 주려고 애쓴다. 시간과 관심, 느낌과 사랑의 증거 등.

당신은 '이미 어쩔 수 없는 일은 어쩔 수 없다'는 사실을 부정한다. 사실 이는 갑작스럽고 난폭하게 들이닥친 상황에 대한 지극히 자연스럽고 건강한 반응이다. 이런 과정을 통해 시간을 두고 한 발짝씩 현실에 가까이 다가간다. 그리고 이별이 서로에 대한 몰이해에서 비롯되었으며, 회복할 수 없다는 사실을 깨닫고 받아들인다. 더불어 다음과 같은 행동도 도움이 된다.

- 자신에게 큰 소리로 거듭 말하라. "이젠 끝났어!"
- 공간적으로 멀어지자.
- 사랑했던 사람과의 가까운 접촉을 피한다.
- 지인들에게 공식적으로 이별을 선언한다.

나중에 두 사람이 화해한다고 하더라도 이런 전략적 단계는 필요하다. 또 단지 화해만으로는 부족하며 다시 예전처럼 돌아가지 않을 수 있어야 한다. 새로운 마음가짐으로 충분한 시간을 가지고 과거를 돌아보며 반성해야 한다. 이러한 과정 없이는 오랜 습성들이 활화산처럼 재폭발하는 것을 막을 수 없으며 결국에는 관계가 파국으로 치닫고 만다.

2단계. 감정의 롤러코스터 •

다시 돌아갈 수 없다는 사실을 인정하고 난 후에는 참아왔던 모든 감정이 수면 위로 올라온다. 두려움과 분노, 미움과 좌절감, 열등감과 죄의식, 그리고 외로움이 내부에서 폭발적으로 솟아오른다. 서른아홉의 의사 다니엘라는 이러한 감정을 다음과 같이 묘사한다. "5년 동안 사귀었던 남자친구와 헤어지고 나서 뜨거움과 차가움을 넘나들던 감정의 기복을 아직도 선명하게 기억해요. 어느 날 저녁에는 베개가 흠뻑 젖도록 울었죠. 다음날에는 '사랑 때문에 울진 않겠어!'라는 결심으로 미친듯이 남자들에게 추파를 던졌어요. 또 다음날엔 예전 남자친구에 대한 분노를 이기지 못해 벽에 컵을 던져서 산산조각냈답니다. 그러면서도 자제심을 잃은 내 모습에 가슴이 너무 아팠죠. 나도 여러 책에 나온 조언대로 현명하고 유능하게 위기를 넘기고 싶었거든요."

만하임에 사는 심리치료학자 도리스 볼프Doris Wolf도 그동안의 경험을 바탕으로 이런 과정을 비슷하게 설명한다. "2단계는 사실 꼭대기까지 가는 과정 중 가장 험난한 단계예요. 재결합에 대한 희망이 무너지고 나면 고통스러운 감정이 한꺼번에 몰려오거든요. 이 단계에 갇혀서 빠져나오지 못하는 사람도 많아요." 만성적인 우울증에 시달리거나 '인간에 대한 혐오'에 빠지기도 한다. 그러므로 영원한 외로움에 시달리지 않으려면 감정의 미로를 헤치고 나와야만 한다. 감정의 미로는 주로 절망감과 분노, 그리고 열등감으로 이루어져 있다.

피할 수 없는 감정의 덫, '절망감'

이별 후 외로움의 가장 큰 원인은 아마도 절망감일 것이다. 사랑하는 사람에 대한 여러 상실의 경험을 통해 이러한 절망감은 더욱 깊어진다. 우리가 잃어버린 것은 다음과 같다.

- **그 사람의 존재:** 그(그녀)의 모습과 목소리, 웃음과 손길, 부드러움.
- **미래:** 그 사람과 함께 설계했던 희망과 꿈, 상상은 이미 거품이 되었고 아직 새로운 미래의 전망이 보이지 않는다.
- **지위:** 상대방의 지위를 통해 인정받던 여성 혹은 남성은 이별을 통해 사회적 지위도 잃어버리게 된다.

- **지원:** 배우자와 같이 사는 경우, 대부분 일도 반으로 나누어 맡는다. 하지만 이별 후에는 세금 납부나 집안일, 전기 기기 등에 관한 문제를 홀로 처리해야 한다. 기술적으로 도움을 줄 사람도, 일상에 위로가 되어줄 상대도 없다.
- **친구들:** 나를 커플의 한 축으로 알고 지내던 사람들은 곧 떠나갈 것이다. 또 두 사람의 관계에서 상대적인 강자라고 할 수 있는, 먼저 떠난 사람의 편이 되는 사람들이 많다.
- **집:** 혼자 집을 임대할 수 있는 경제적 여건이 안 될 수도 있고, 그 사람과 같이 지내던 공간을 더이상 참을 수 없어지기도 한다.
- **아이들:** 아이들이 배우자와 같이 살기로 결정하거나 상대방이 아이들을 데리고 가버릴 수 있다. 양육권이 해결될 때까지는 시간이 많이 걸린다.

이러한 상실로 인해 우리는 심각한 후유증을 앓는다. 실제로 과학자들은 뇌에서 느끼는 이별의 고통이 마약중독자의 금단 증세와 비슷하다는 사실을 발견했다. 매사에 심드렁해지고 의욕이 사라지며 모든 것이 암울하게 여겨진다. 도대체 살아야 할 이유는 뭐란 말인가? 자살의 충동까지 느낀다. 달콤했던 기억들이 시도 때도 없이 떠오른다. 이제는 아무런 의미가 없는 맹세와 약속이 되살아난다. 특히 고통스러운 것은 자신이 그토록 외롭고 힘든 시간을 보내고 있을 동안에, 다른 사람의 사랑이 되어 행복한 그 사람을 상상하는 일이다. 이런 괴로운 상태에서 나를 구해줄 사람은 바로 사랑하던 그 사람뿐이다. 하지만 동시에 그 사람이 절대로 돌아오지 않을 것이라는 사실도 알고 있다. 그래서 감정의 덫에 빠지는 것이다. 하지만 아무리 괴롭더라도 그 상태를 넘어서려면 조금씩 다음과 같은 시도를 해야 한다.

- **절망 상태를 받아들이기.** 이 단계를 싸워서 극복하려 하지 말라. 지금은 감정의 스위치를 그냥 꺼버리는 것이 불가능하다.
- **절망을 표출하기.** 울부짖거나 일기를 쓰거나 그림으로 표현하라.
- **오늘 하루를 살기.** 항상 하루 동안의 금주를 목표로 삼는 알코올의존자협회의 원칙을 명심하라. 자신에게 이렇게 말하라. "오늘 24시간을 어떻게든 살아남는 것이 목표야."
- **나쁜 모습을 떠올리기.** 두 사람의 관계에서 기분 나빴던 점이나 아쉬웠던 점을 적어본다. 이런 방식으로 과거를 미화시키는 것을 피할 수 있다.
- **기억을 금지하기.** 과거의 행복했던 시절, 같이하던 날들의 추억을 상기시키는 물건들을 눈앞에서 치우라. 같이 간 휴가지에서 사온 선물, 옷장에 남아 있는 그 사람의 옷가지 등을 치운다.
- **접촉을 피하기.** 당신을 떠난 사람과 할 이야기가 있다면 차분히 앉아서 통화하라. 혹시라도 마주칠 수 있는 장소는 피하는

게 좋다. 그 사람을 만날 때마다 꿰맨 상처가 다시 터지며 이를 아물게 하기 위해서는 많은 노력이 필요하기 때문이다.

- **자제력을 유지하기.** 아무리 마음속에는 폭풍우가 몰아치더라도 마음에 코르셋을 채우고 밖으로 드러내지 말라. 상관없다 생각할지라도 외모에 신경쓰기 바란다. 규칙적이고 약속을 잘 지키는 생활을 유지하라.
- **도움을 청하기.** 좋은 친구들, 특히 이별을 경험한 친구들과 얘기를 나누라. 하지만 늘 어디서나 슬픔을 드러내고 얘기하는 것은 피하라.
- **책임을 짊어지기.** 해야 할 일의 목록을 만들라. 은행 업무나 세금 환급, 병원 진료 등 필요한 사항을 주의깊게 체크하라. 아무리 싫은 일이라도 목록에 적혀 있는 한 성실히 수행한다.

기대가 좌절된 후 찾아오는 '분노'와 '증오'

우리는 항상 미친듯이 슬픔에 빠져 있지만은 않다. 절망감은 종종 분노와 증오로 대체되기도 한다. 다음은 그 증세다.

- 복수의 계획을 세운다.
- 상대방에 대해 온갖 나쁜 얘기를 한다.
- 그 사람의 일에 손해를 끼치려고 한다.
- 그 사람의 친구를 반대편에 서 있는 적으로 본다.

- 사진이나 옷, CD 등, 그 사람의 물건을 찢거나 부순다.
- 아이들을 데리고 가버린다거나 돈을 빼돌린다거나 재산을 하나도 주지 않는 방식으로 그 사람을 벌하려 한다.

  분노와 증오의 이면에는 항상 어긋난 기대가 도사리고 있다. 우리 모두는 인생을 계획하는 데 있어서 중요한 역할을 차지하는 특정한 행동과 일에 대한 기대를 품고 있다. 하지만 이런 기대가 여지없이 부서져버린 것이다. 서른한 살의 교사 세바스티안은 동료 교사와 3년 동안 사귀었다. 그는 곧 두 사람이 결혼해서 가정을 꾸릴 것을 의심치 않았다. 하지만 그해 마지막 날 세바스티안은 청천벽력 같은 소식을 들었다. 그녀는 구속되고 싶지 않다면서 외국에 있는 독일 학교에 지원했다고 고백했다. 세바스티안은 배신감과 기만당한 듯한 괴로움에 화를 누를 수 없었다. 성공한 산부인과 의사 도리트도 비슷한 사연이 있다. 그녀는 남편과 같이 병원을 차렸고 힘겨운 초창기에 세 아이를 키우면서 아낌없이 뒷바라지했다. 그리고 드디어 두 사람의 삶에 여유가 찾아왔다. 하지만 그것이 끝이 아니었다. 남편이 환자와 사랑에 빠져 도리트를 버린 것이다. "내가 일군 이 모든 과실을 그년과 누리려고 나를 버린 거예요!" 깊은 좌절감과 분노에 차서 도리트는 소리쳤다.
  기대가 좌절되면 분노와 증오가 일어나는 것은 이해할 만하다. 또한 분노를 제때 풀어내지 못하면 심장의 통증이나 위궤양 같은 신체적 질환으로 이어질 수도 있다. 하지만 나중에 후회하지 않을 방식으로 분노를 표출할 필요가 있다. 다음은 위험하지 않은 방식으로 엄청난 분노를 없앨 수 있는 좋은 방법들이다.

- 거친 상상을 맘껏 즐기기. 상대방에게 온갖 잔인한 행동을 하는 상상을 자신에게 허용하라.
- 온갖 하고 싶은 말을 마음껏 편지에 써보라. 다만 그 편지를 절대 부치지 않는다.
- 라이자 미넬리가 영화 〈카바레〉에서 한 행동을 따라해보자. 아무도 듣지 못하는 조용한 장소로 가라. 그리고 최대한 큰 소리로 외쳐보라. 원한다면 욕설이나 저주를 퍼부어도 좋다.
- 게슈탈트 치료(독일 정신과 의사 프리츠 펄스가 창안한 심리치료—옮긴이)의 효과적 기술을 사용해보라. 빈 의자 앞에 앉는다. 상상 속에서 의자에 그 나쁜 놈(년)을 앉혀본다. 그리고 당신이 원하는 만큼 마음껏 꾸짖고 토로한다.
- 침대 위에 무릎을 꿇고 앉는다. 주먹이나 테니스 라켓으로 침대를 힘껏 내리친다.
- 도자기나 그릇을 깨고 싶을 때는 욕조에 얼음을 쏟는다. 비슷한 효과를 얻을 수 있을 것이다.
- 분노를 행동으로 바꾼다. 창문을 닦거나 정원을 파헤치거나 공원에서 조깅을 한다.

위와 같은 방법이 우스꽝스럽게 들릴지 모르지만 전혀 그렇지 않다. 이것은 자신을 해치지 않고 감정을 해소할 수 있는 방법이다. 분노를 지나치게 밖으로 표출시키다보면 다른 사람을 멀어지게 만들고 이는 스스로를 고립시키는 결과가 된다.

화살을 스스로에게 돌리는 '열등감'

버림받았다는 사실은 말할 수 없는 상처를 준다. 당신은 너무 쉽게 결론을 내린다. "내가 너무 못나서 그 사람이 떠난 거야." 마치 당신이 잘못한 것인 양 사람들 앞에 나서기가 수치스럽다. 다음과 같은 이유로 상대가 떠났다고 생각하면 이미 열등감에 사로잡혀 있는 것이다.

- 나는 성적으로 너무 적극적이지 않았어.
- 난 너무 뚱뚱해(너무 삐삐 말랐어, 너무 키가 작아, 가슴이 너무 작아, 거의 대머리야).
- 난 너무 늙었어.
- 난 너무 미숙했어.
- 난 너무 재미없는 사람이야.
- 난 볼품없게 생겼어.
- 난 너무 노력을 안 했어.
- 난 가방끈이 너무 짧아.

- 난 너무 여성적이지/남성적이지 않아.
- 그 사람이 나보단 훨씬 매력적이지.
- 같이 지내기엔 난 형편없는 사람이야.

이런 자기비하는 당장 멈추어야 한다. 나는 의뢰인에게 자주 이렇게 말한다. "당신은 이 세상에서 가장 완벽하고 매력적인 사람이에요. 그 사람은 어쨌든 당신과 헤어질 사람이었어요." 상대방이 떠난 것이 나의 잘못만은 아니라는 사실을 직시하길 바란다. 다른 사람의 열정에 관여할 수 있는 힘은 아무도 가지고 있지 않다. 아무리 그 사람에게 맞추고 최선을 다해 노력한다 해도 관계가 계속 이어지리라는 보장도 없다. 이별의 이유는 너무도 많고 그것이 나와 아무 상관없을 수도 있다. 사이가 자연스럽게 멀어질 수도 있고 취향이 달라지거나 새로운 매력에 이끌릴 수도 있다. 상대에게 바라는 게 많아지거나 내면의 변화로 인해 행동이 달라지기도 한다. 또 자신의 매력을 확인받기 위해서나 나이들어가는 두려움 때문에 젊은 상대에게 이끌릴 수도 있다. 이 모든 사항은 나의 가치와는 상관없다. 상대방의 행동도 나로 인한 것이라기보다는 그 사람 자신의 문제로 인한 것이다. 그의 충실성과 삶의 자세, 혹은 수양 정도가 행동을 통해서 드러난다. 상대에게 가혹하거나 수동적인 태도를 보이는 실수를 했다 하더라도 스스로에게는 이렇게 말해주어야 한다. "그때는 나도 잘 몰랐어."

이미 지난 일을 땅을 치고 후회해봐야 아무 소용없다. 과거로부터 현재의 삶에 필요한 교훈을 얻는 것이 실제로 도움이 되는 태도다. 이를 통해 성격을 더 좋은 방향으로 변화시키자. 화술학원에 등록하거나 미용실에 가거나 10킬로그램을 감량하는 건 물론 좋은 일이다. 하지만 이는 과거의 사람을 되찾기 위한 목적이 아니라 자기 자신을 위한, 혹은 (지금은 전혀 생각이 없다 할지라도) 미래의 누군가를 위한 실천이어야 한다.

3단계. 용서를 통해 스스로를 해방시키기

이렇게 애쓴 결과 시간이 지날수록 부정적인 느낌은 점점 약해진다. 이제 다시 웃을 수도 있고, 가끔은 행복을 느낄 수도 있다. 이 단계가 되면 과거의 관계에 대한 향수로부터 벗어나고 예전 배우자의 삶을 더이상 질투하지 않게 된다. 이제 모든 면에서 깨달음이 온다. '이젠 끝났어.' 작별의식을 치르는 방법은 다음과 같다.

- 아직도 갖고 있는 그 사람의 물건들을 하나씩 손에 쥔다. 물건과 그 안에 깃든 기억들에 일일이 작별인사를 한다. 그런 다음 버리거나 손이 닿지 않는 곳에 넣어둔다.

- 초를 켜고 그 사람의 사진을 옆에 둔다. 분명하고 확실하게 작별인사를 한다. 두 의자 사이에 당신과 그의 감정적 연결선이라고 할 수 있는 넓은 리본을 매어둔다. 탯줄을 끊듯이 가위로 리본을 자른다. 이제부터는 각자의 삶을 사는 것이다.
- 이런 상상을 해보자. 두 사람 사이를 연결하고 있던 정신적 끈을 마치 플러그처럼 가슴속에서 뽑아낸다.

두 사람의 관계가 끝났다는 사실을 받아들이면서도 가슴 깊은 곳에는 분노를 숨겨두는 경우가 종종 있다. '그 사람이 한 짓은 절대 용서할 수 없어!' 이런 느낌을 아직도 가지고 있다면 하루빨리 용서하길 바란다. 물론 당신이 화내며 용서를 거부한다 해도 이해할 수 있다. 나는 목사의 딸로 자라났기에 '용서'라는 표현이 기독교 윤리에서 얼마나 잘못 이해되고 사용되는지 너무도 잘 알고 있다. 그러므로 우선 확실하게 해두자.

- 용서는 망각을 의미하지 않는다.
- 용서는 '모든 것이 괜찮다'라는 의미가 아니다.
- 용서는 '당신이 옳다'라는 의미가 아니다.
- 용서는 문제가 없을 경우 다시 가까워질 수 있다는 의미가 아니다.
- 용서는 나약함의 신호가 아니다.

용서의 감정은 눈에서 눈물이 흐르고 가슴은 한없이 부드러워지는, 아름답고 포근한 감정이 아니다. 용서는 내면의 힘을 최대한 동원해야 비로소 가능한 날갯짓과도 같다. 다음의 사연들은 이를 잘 묘사하고 있다.

책임자 자리에 있는 사원의 부주의한 행동으로 인해 한 회사가 거의 망할 지경에 이르렀다. 사원이 사장실로 들어가 변명하는 순간, 사장은 최대한의 자제력을 발휘해야 했다. 그는 책상 모서리를 꽉 잡은 채 입을 악물고 말했다. "자네가 한 일을 용서하겠네. 그렇지만 당장 내 사무실을 나가주게나!" 용서하기로 결심한다고 해서 마음이 저절로 평온한 상태로 돌입하리라 기대하면 안 된다. 용서는 머리에서 시작되는 것이다. 용서를 통해 상대의 잘못을 면죄해주는 것이 아니라 스스로를 해방시키는 것이라는 사실을 확실히 해둘 필요가 있다. 무엇보다도 내면의 불화와 충돌을 스스로 감당해야 한다. 속이 부글거리고 머리는 지끈거리며 기분은 끝없는 나락으로 떨어진다. 또 닫혀버린 심장은 한동안 다른 사람을 받아들이지 못한다. 용서는 다른 사람을 위한 것이 아니라 자신을 위한 것이다. 용서를 원한다면 다음 사항들을 연습해보라.

- 상상 속에서 부정적인 생각을 지워보라. 머리 꼭대기에서 수정처럼 맑은 물이 쏟아져서 온몸을 흘러내리고, 마음속 해묵은 찌꺼기들이 발끝에서 흘러나와 땅속으로 스미는 상상을 해보라.

- 그 사람의 사진 앞에 앉아보라. 사진을 보며 중얼거려보자. "당신을 용서해요. 그리고 난 이제 괜찮아요."
- 지혜로운 노인이 되어 삶을 되돌아본다고 상상해보라. 그때의 관점에서 볼 때 지금의 일이 분노로 수년을 허비할 만한 가치가 있는 것인지를 자문해보라.
- 초월적인 존재를 믿는다면 용서할 수 있는 힘을 달라고 기도해보라. 그렇게 하는 동안 내면의 힘이 커지는 기분이 들 것이다.

4단계. 삶이 새롭게 시작된다

드디어 성공했다. 당신은 고통을 이기고 살아남았다. 이별을 받아들이게 되었다. 이젠 자신의 과거와 과거의 사람을 차분하게 돌아볼 수 있다. 다시 두 발로 땅을 딛고 설 수 있다. 되찾은 자유를 즐기며 조금씩 새로운 사랑에 스스로를 열 준비가 되었다. 어쩌면 과거의 경험을 통해 얻은 교훈에 감사하는 마음이 생겨날지도 모른다. 아무튼 이제는 이별에서 비롯된 외로움은 지난 일이 되었다.

'이제 다시는 너를 볼 수 없다니……'

⋮

　　　　　남편에게서 버림받은 한 의뢰인이 말했다. "가끔은 차라리 그 사람이 죽어버렸으면 좋겠어요. 그러면 과부가 되어 슬퍼할 수 있겠지요. 하지만 아직 그 사람은 살아 있고 더이상 내 사람이 아니죠." 이런 말을 들은 것이 처음은 아니다. 잔인하게 들릴지 모르지만 이 같은 표현이야말로 이별로 인한 상실과 죽음으로 인한 상실의 차이를 극명하게 보여준다.

　사랑하는 사람의 죽음 앞에서는 아무것도 달라지지 않는다. 그저 받아들이는 일 외에는 아무것도 할 수 없다. 희망이나 열등감, 질투나 증오 같은, 우리를 괴롭히던 감정들도 극단적인 이별을 계기로 점점 희미해지고 사라져간다. 사실 헤어짐보다 죽음을 견디기가 더 쉬울지는 그 의뢰인도 확신하지 못할 것이다. 죽음으로 배우자를 잃은 사람은 이별과는 다른 차원의, 훨씬 더 깊은 눈물의 심연을 지나야만 한다.

　"내가 죽으면 그저 죽을 뿐이지만, 가까운 사람이 죽으면 그 와중에도 나는 살아가야만 한다." 시인 마샤 칼레코의 이 문장은 죽음에 대한 고통스러운 경험을 간결하게 표현한 것이다. 죽음을 맞이한 당사자는 그것으로 끝이다. 하지만 그 사람을 다시는 안을 수 없고 그 사람과 다시는 얘기할 수 없다는 현실을, 살아남은 나는 참고 견뎌야 한다. 여섯 살 된 여동생이 심부전으로 죽었을 때 나는 열아홉 살이었다. 나이 차가 많이 나다보니 나는 동생에게 언니라기보다는 보살펴주고 돌봐주는 두번째 엄마와 같은 존재였다. 갑작스러운 동생의 죽음을 맞이하면서 마치 내 속의 일부분도 같이 죽은 듯한 느낌이 들었다. 무엇보다도 '이젠 널 다시는 품에 안을 수 없구나'라는 생각에 너무도 비통해졌다. 장례식 다음날 검은색 잉크로 그림을 그렸다. 겨드랑이에 곰인형을 낀 작은 소녀가 투명한 벽 속으로 사라지는 그림이었다. 이제 그 아이는 사라졌고 나는 살아가야 했다.

"나를 두고 떠나버렸어!" 이렇게 죽은 사람을 향해 토로하는 원망을 심리치료 시간에 종종 듣는다. '나의 일부분도 죽어버린 것 같아'라는 표현도 마찬가지다. 죽음이 앗아간 사람은 배우자일 수도, 부모나 자녀 혹은 절친한 친구일 수도 있지만, 그가 누구든 그것이 주는 슬픔은 무엇과도 비교할 수 없다. 지금 깊은 이별의 슬픔에 잠겨 있다면 내가 하려는 다음 얘기는 별로 듣고 싶지 않을 것이다. 그 사람은 당신에겐 누구와도 비교할 수 없는 사람이기 때문이다. 어떤 면에서는 맞는 말이다. 당신과 당신이 잃어버린 그 사람은 매우 특별한 존재이며 당신의 슬픔도 마찬가지다. 어쩌면 다시는 행복을 느끼지 못할 것이라 생각할 수도 있다. 하지만 영원히 이런 상태에 머무를 수는 없으며, 다른 많은 사람들이 그러했듯이 시간과 인내를 통해 슬픔과 외로움으로부터 서서히 빠져나올 수 있다.

2011년 카티야 아이힝거는 인터뷰를 통해 영화감독이었던 남편

베른트 아이힝거를 심부전으로 잃은 직후의 상태에 대해 이렇게 밝혔다. "수많은 모임들 사이를 허겁지겁 뛰어다니다 저녁이 되어 빈집으로 돌아오면 침묵이 나를 너무 무겁게 짓눌러서 견딜 수 없었다." 요즘 그녀는 다시 사람들을 만나는 것을 즐기며 새로운 사랑을 위해 가슴을 열어두고 있다.

애도 작업, 슬픔을 받아들이며 극복하는 일

사랑하는 사람의 죽음 앞에서 슬퍼하는 것은 영혼의 당연한 반응이다. 슬픔을 통해 우리는 그 사람과 묶여 있던 인연에서 조금씩 자유로워질 수 있다. 또한 이를 통해 다시금 새로운 삶의 희망을 찾을 수도 있다. 애도의 기간은 몇 가지만 빼면 이별로 인한 위기의 기간과 매우 비슷한 양상을 보이는데, 정리하자면 다음과 같다.

첫번째는 역시 현실을 부정하는 시기다. 그 사람이 언제라도 문을 열고 나올 것 같다. 그 사람의 목소리가 들리는 것 같고 모습이 보이는 듯한 환상도 접한다. 그 사람이 아직 살아 있는 듯이 말하고 행동하기도 한다. 그러면서 아주 조금씩 현실을 깨달아간다. 두번째는 감정이 솟구쳐오르는 시기다. 이별과 마찬가지로 이 시기의 가장 지배적인 감정은 절망감이다. 고통과 그리움으로 거의 미칠 지경에 이른다. 하지만 이 경우 분노는 잔인한 운명이나 죽음을 방치한 신, 혹은 아직 살아남은 사람이나 몰지각한 반응을 보이는 친구 등에게로 향한다. 또한 끊임없이 "왜?"라는 질문이 불쑥 튀어나온다. 마치 끝이 보이지 않는 어두운 터널 속에 갇힌 것 같다. 이 기간은 내 경험에 따르면 아주 길다.

세번째 단계는 새롭게 방향을 설정하는 시기다. 서서히 조심스럽게 바깥으로 발을 내디딘다. 그리고 단지 생존을 위해 살아가는 것을 넘어서 일상을 조금씩 받아들인다. 과거의 고통을 잊어버리는 시간이 점점 많아진다. 네번째 단계는 내면의 균형을 되찾는 시기다. 과거를 돌아볼 때 비애와 사랑을 느낀다. 하지만 인생이 계속 흘러갈 것이라는 사실도 잘 안다.

이 시기들이 자동적으로 흘러간다면 좋을 것이다. 그저 가만있기만 해도 시간이 흘러 자연스럽게 극복된다면 좋을 것이다. 하지만 불행히도 그런 경우는 거의 없다. 그래서 심리학에서도 극복 과정을 '애도 작업'이라고 부른다. 애도 작업은 슬픔을 받아들이며 그것을 극복하는 일을 말한다. 이런 일은 누가 도와줄 수 없다.

금기시된 슬픔과 마주하기

슬픔이 하나의 의식으로 뿌리내린 동양의 문화와는 달리 우리 사회에서는 슬픔에 대해 누구도 도움을 주지 않는다. 오히려 고통을 깊숙이 숨기는 것이 당연하게 받아들여진다. 장례식에서조차 이런 현상을 확연하게 볼 수 있다. 마지막 작별인사를 하는 의식에서도 침착함을 유지할 것이 요구된다. 정치인이나 유명인의 장례식 장면을 보라. 화석처럼 굳은 얼굴에 베일이나 선글라스로 눈물을 숨긴다. 일반인의 장례식도 그리 다르지 않다. 내 친구 엄마의 장례식에서 친구의 아빠는 딸에게 이렇게 말했다. "무덤 앞에서 제발 침착해주지 않겠니? 난 사람들 앞에서 구경거리가 되고 싶지 않구나."

좋은 친구나 배려심 많은 지인들은 예외겠지만, 일반적으로 사람들은 힘든 일을 겪은 당신이 축 처져 있기보다는 단시간에 제자리로 돌아와서 예전 같은 모습을 보여주기를 바란다. 주변의 암묵적 요구에 맞추다보면 진정한 감정을 드러내지 못해 내면의 외로움이 더욱 커져만 간다. 그러므로 적어도 제한된 공간 안에서만이라도 스스로에게 감정을 드러내도록 허용할 필요가 있다. 또한 외로움의 근원을 밝혀야 한다.

애도의 기간 동안 의식적으로 슬픔과 마주하라는 제안이 가학적으로 느껴질 수도 있다. 이미 깊은 슬픔에 잠겨 있는 사람에게 무엇을 더 하란 말인가? 하지만 굳이 그렇게 해야 할 이유가 두 가지 있다. 우리가 경험하는 슬픔은 예상치 않게 나타나 모든 것을 휩쓸고 가는 파도와도 같다. 하지만 의식적으로 슬픔에 잠기겠다고 결정하는 순간, 자기결정권을 되찾아온다. 스스로 강렬한 감정을 환기하고 그것을 들여다보겠다고 결정함으로써 희생자의 위치에서 벗어난다. 게다가 사람이 지속적으로 강도 높은 긴장상태를 유지하는 것은 심리적으로 불가능하다. 슬픔 속으로 들어가 잃어버린 것에 대해 충분히 눈물을 흘리고 나면, 몸과 마음이 더이상 슬픔의 심연에 갇혀 있지 않고 거기서 빠져나오려고 한다. 마치 기하학의 포물선과도 같다. 포물선의 가장 깊숙한 지점에 이르면 선은 다시 위로 솟구친다. 그런 점에서 의식적으로 깊은 슬픔을 환기시키는 일은 정화 작업과도 같다.

감정을 환기시키고 그 속에서 살아가려는 시도를 할 경우 혼자 그 과정을 통과할지, 아니면 다른 사람의 도움을 받을지는 스스로 결정할 몫이다. 어떤 사람은 고통 속에 철저하게 혼자 남기를 바라며, 또 어떤 사람은 믿을 수 있는 누군가와 같이하기를 원한다. 시간도 정해두는 것이 좋다. 언제, 얼마 동안 슬픔의 의식을 치를지 미리 한계를 정해놓도록 하자. 스스로 결정한 시간과 계획에 맞추어 주도적으로 의식을 행하자. 그렇다고 한꺼번에 모든 의식을 치를 필요는 없다. 준비되었다고 생각하는 의식을 먼저 선택하는 것이 좋다. 아직 너무 고통스럽게 여겨지는 의식은 굳이 스스로에게 강요하지 말자. 무엇보다 또렷한 정신으로 슬픔의 의식을 끝내야 한다. 어떤 순간에, 무엇이 도움되는지는 자신이 가장 잘 알고 있다. 다음은 의식에 대한 좀더 상세한 조언이다.

- 두 사람이 함께 찍은 사진을 들여다보라. 사진 속에 깃든 추억을 떠올려보라.
- 추억의 처음과 끝을 사랑하는 사람에게 얘기하듯 읊조린다. 혹시 누군가 곁에 있다면 연민을 가지고 이야기를 들어주길 부

탁해보라. 혼자라면 그 사람과의 관계에 대한 이야기를 글로 쓰거나 녹음해본다.

- 죽음의 상황과 장례식을 기억해보라. 그때의 느낌을 집중해서 떠올려보라. 그리고 현재의 느낌과 비교해서 어땠는지를 생각해보라.

- 슬픔의 형태를 만들어보라. 그림을 그릴 수도 있고 찰흙 등으로 조각을 빚어도 된다. 예술작품을 만들라는 것이 아니라 느낌을 표현하라는 것이다.

- 슬픔에게 한 자리를 만들어주라. 집의 한구석이나 작은 테이블에 조그만 제단을 하나 만든다. 그곳에 사랑하는 사람의 사진을 올려둔다. 꽃과 양초 혹은 기억할 만한 물건들로 주위를 장식한다. 이곳은 침묵의 대화와 기억의 소통이 이루어지는 곳이다.

- 음악을 통해 감정을 표출하라. 두 사람이 같이 좋아했던 음악이나 당신을 울게 만드는 음악을 들어보라.

애도의 의식을 치른 후에는 의식적으로 '지금, 여기'로 돌아온다. 하던 일을 하고 음식을 먹고 전화 통화를 한다. 목욕을 하거나 원하던 일을 하면서 기분을 전환한다. 이로써 슬픔에 빠져 있는 시간과 일상의 세계 사이에 선을 긋는 것이다.

누구도 죽음에 대처하는 법을 배우지 못했다 •

슬픔에 빠져 있다 할지라도 울타리 밖에서 다른 사람들을 만나는 일을 피할 수는 없다. 지극히 예민하고 허약해진 고통의 상황에서 타인의 예기치 않은 반응까지 감당해야 한다. 사람들이 무정한 탓이라기보다는 우리 사회에서 죽음이 커다란 금기 사항이기 때문이다. 사실 누구도 죽음에 대처하는 법을 배우지 못했다. 그러다보니 두려움이 그 자리에 들어선다. 누군가를 떠나보낸 슬픔에 빠져 있는 사람을 대하면 사람들은 못 본 척하거나 무력감을 느낀다. 그전까지 좋은 관계를 유지하던 지인이, 사랑하는 사람의 죽음을 맞이한 나와 마주칠까봐 난처해하며 다른 길로 돌아가는 일이 생기기도 한다. 예전에는 활달하게 인사를 나누던 지인들이 갑자기 조용해지고, 당황해서 아무 말도 못하고 고작 몇 마디를 건네고는 작별인사를 하며 서둘러 자리를 뜬다. 아니면 아무 일도 일어나지 않은 듯이 표면적인 이야기로 수다를 떤다. 혹은 다른 사람의 슬픔을 자신의 불행에 대해 넋두리하는 기회로 삼는다. 어떤 사람은 "다행히도 결국 이제야 끝이 났네요"라든가 "그래도 경제적으로는 안심할 수 있잖아요"라는 식의 무례한 표현을 하기도 한다. 이러한 타인의 행동은 나를 이전보다 더더욱 외롭게 만든다.

고통 속에서 우리는 진심으로 위로를 건네고 이야기를 들어주며 그 품에 안겨 울 수 있는 사람, 단지 함께해주는 사람을 필요로 한다. 하지만 이런 사람을 찾기는 그리 쉽지 않다. 나도 그와 같은 경험을 했다. 여동생의 장례식이 끝나고 친구와 같이 쓰고 있던 학교 기숙사로 돌아갔다. 친구는 나를 보더니 서둘러 코트를 집어들고는 말했다. "안녕, 약속이 있어서 말이야." 이런 반응을 접하고 너무나 실망한 나머지, 모든 사람들로부터 뒷걸음치는 것은 당연하다. 따라서 접촉하는 사람들의 범위를 조심스럽게 미리 정하는 편이 나을 수 있다.

- 누구에게 얼마만큼 슬픔을 드러낼 것인지 생각해보라. 당신은 언제든지 "그 이야기는 힘들어서 더이상 하고 싶지 않네요"라고 말할 권리가 있다.
- 경계를 분명히 하라. 호의를 가지고 찾아오는 사람들이 너무 피곤하게 느껴진다면 "찾아주시는 건 정말 감사하지만 지금은 혼자 있고 싶네요"라고 말하라.
- 어떤 사람이 잘못된 반응을 보이더라도 그 사람을 용서하라. 아마 그도 어떻게 행동해야 할지 모르기 때문일 것이다. 그 사람의 행동 때문에 모든 사람을 멀리한다면 모든 도움을 차단하는 것과도 같다.

다행히도 세상에는 서투르고 자기중심적이며 허둥거리는 사람만 있는 것이 아니다. 당신 곁을 지켜주는 사람도 있다. 따뜻한 위로와 경청으로 힘든 시간을 견딜 수 있게 도와주고, 혼자 남겨지지 않도록 당신을 자신의 반경 속으로 이끌어주는 사람들도 있다. 하지만 그런 관계조차도 전혀 문제가 없는 것은 아니다. 중요한 것은 애도의 기간이 얼마나 오래가느냐 하는 것이다. 몇 주 혹은 몇 달 동안 슬픔에 잠겨 있으면 처음엔 이해심을 보여주던 지인들도 뒤로 물러선다. 인내심이 바닥을 보이기 시작하고 당신은 점점 피곤한 존재가 된다. 그렇다고 경계를 긋고 "이제 당신의 처량한 이야기는 그만 듣고 싶네요"라고 말해주는 것도 아니다. 대부분은 당신이 배신감을 느끼지 않도록 지나치게 완곡한 방식으로 표현한다.

19년 동안 결혼생활을 같이했던 남편을 잃은 작가 마를레네 로너는 애도의 기간 동안 다른 사람을 어떻게 대해야 할지에 관한 충고를 해준다. "다른 사람에게 지나친 동정심이란 부담을 가하는 것만큼 큰 실수는 없다. 그렇게 되면 곧 짧은 시간 안에 사람들로부터 기피 대상이 된다. 이야기를 잘 들어주던 절친한 친구조차도 자기 이야기만 끝없이 하는 상대에게는 점점 마음이 멀어진다. 자기조절에 실패하는 사람은 결국 자기연민과 외로움의 구덩이에 빠지기 쉬우며, 사이가 가장 가까운 사람조차도 동정심이나 의무감으로 당신을 대하게 될 것이다."

완전히 고립되고 싶지 않다면 어느 정도 절제가 필요하다. 이때 심리치료가 해결책이 될 수 있는데 애도 작업을 도와주는 전문 치료사도 있다. 친구와 대화하는 것보다 심리치료사에게 마음을 털어놓는 것에는 전문적인 상담을 받을 수 있다는 점 외에도 더 큰 이점이 있다. 전문 치료사는 원하는 시간 동안, 또 원하는 횟수만큼 얘기를 들어준다는 점이다. 또 친구들에게 인내심을 강요해야 하는 위험도 없다. 상대방을 배려하거나 감사를 보여주어야 할 필요도 없다.

'그 모든 것에도 불구하고' 용기 있게 나아가기 •

슬픔에 익숙해지려면 얼마나 시간이 걸리는지 아무도 모른다. 여러 변수가 있을 수 있다. 성격이나 나이, 독립성 여부, 그리고 그 사람과 지속한 관계의 밀도와 기간 등등. 그러므로 스스로에게 지나친 압박을 가하지 말고 또한 다른 사람이 지나친 압박을 가하지 못하도록 해야 한다. 절대 허용할 수 없는 한 가지가 있는데 그것은 다음 단계로 나아갈 수 있는 가능성을 스스로 차단하는 것이다. 앞으로 나아갈 용기를 지니지 못하면 슬픔이 만성적으로 자리잡게 되고 외로움으로부터 벗어날 수 없다.

마를레네 로너가 쓴 『느닷없이 혼자가 되다, 배우자의 죽음을 맞이한 여자들Plötzlich allein』이라는 책에는 배우자를 죽음으로 잃은 여성의 인터뷰가 등장한다. 그녀의 남편은 4년 전 암으로 세상을 떠났다. 그 이후로 두 사람이 살던 아파트는 바뀐 것이 아무것도 없었다. "이젠 아무리 사소한 거라도 사고 싶은 생각이 들지 않아요. 같이 나누던 즐거움이 사라졌으니까요. 새로운 물건을 사면 뭐하나요? 우선순위라는 게 없어졌어요. 아무런 의미도 찾을 수 없고요. 그나마 중요한 것이라고는 그저 그럭저럭 살아가는 거죠. 어쨌든 정신 차리고 살아가야 하니까요." 첫번째 단계의 애도 기간이 얼마나 길었는지는 모르겠으나 내 생각에 그 여성은 두번째 애도 단계에 갇혀 있는 것 같았다. 죽은 남편에게 계속 머물러 있는 대신 자신의 새로운 정체성을 발전시키지 않는 한, 그녀의 애도 기간은 한없이 늘어질 수밖에 없다. 포기와 마비, 그리고 두려움을 딛고 일어서려면 노력과 의지가 필요하다. 슬픔을 딛고 일어서는 것이 무엇인지를 보여주는 감동적인 실례를 반년 전 비극적인 사고로 아들을 잃은 친구를 통해 보았다. 얼마 전 그녀의 생일파티 초대장을 받았는데 거기에는 '그 모든 것에도 불구하고' 중요한 의미가 있는 사람들을 초대하고 싶다고 적혀 있었다. 이러한 태도야말로 슬픔에 잠겨 있는 당신에게 보여주고 싶은 태도다. 조심스럽게 자신을 돌보는 동시에 다음 단계로 나아갈 수 있어야 한다.

사랑하는 사람을 잃거나 그와 비슷한 상황에 처한 경우는 어떻게든 극복해야 할 예측 불가능한 운명 이상의 의미를 지닌다. 그것은 내면적 성장의 한 부분을 차지한다. 의식적으로 애도의 모든 단계를 지나는 동안 아무도 앗아갈 수 없는 보물을 얻게 된다. 나이에 상관없는 정신적 원숙함이 바로 그것이다. 경험을 통해 우리는 새로운 차원의 인간성을 얻는다. 자신과 다른 사람을 보다 잘 이해할 수 있게 되며 이는 특별한 매력으로 발산된다. 깊은 고통 속에서 살아남았고 그 시간들이 정말로 지나갔다는 사실을 깨달았다. 이 깨달음은 절대로 망각되지 않을 것이다. 마치 예방접종을 맞은 것처럼 다음번에 또 상실을 겪더라도 완전히 절망하지 않게 보호해줄 것이다. 이제 우리는 상실에서 오는 외로움이 영원하지 않다는 사실을 알게 되었다.

3부

외로움에
작별을 고하는 법

8장

아무도 내 본모습을
보지 못할 때

사자와 생쥐 증후군

●　　　　　　어떤 생각에 몰두하면 그 생각이 꿈속까지 따라
다니는 모양이다. 짧은 꿈의 한 장면을 통해 머릿속에 전등이 환히
켜지는 경험을 한 적이 있는데, 이것이 이 장의 핵심 주제다. 거대
한 사자 한 마리가 작고 흰 생쥐 옆에 평온하게 앉아 있는 꿈이었
다. 사자와 생쥐가 과연 외로움과 무슨 상관이 있을까?

솔직하다고 늘 좋은 것만은 아니다　　　　　　　　　　　●

⦂

　　　　　　다른 사람의 생각을 읽을 수 있다고 가정해보자.

분명히 민망하고 불편한 상황이 벌어질 것이다. 선거 유세중인 정치가가 "주민 여러분, 만나게 되어 반갑습니다"라고 인사할 때 '이놈의 거지같은 동네를 얼른 떠나야지'라는 속마음이 청중에게 들린다면? "너라면 언제든 대환영이야!"라고 말하는 친구가 실은 '제발 이 인간이 다시는 연락하지 않았으면 좋겠어'라고 생각한 것을 알아차린다면 어떻겠는가?

우리가 독심술을 가지고 있지 않아서 참으로 다행이다. 생각과 표현 사이에는 종종 아주 큰 차이가 존재하니 말이다. 일정 부분은 체면을 중시하는 사회 분위기 탓이다. 직장에서나 잘 모르는 사람들 앞에서 흉금을 털어놓는 일은 그리 현명한 행동이 아니다. 이웃을 만난 자리에서 "오늘은 정말 끔찍한 날이에요. 출근 준비를 하다가 커피를 쏟지 않나, 우편함에 세금고지서가 떡하니 들어 있지 않나……"라고 주절주절 떠든다면 어떨까. 날씨 이야기나 나누는 게 낫지, 이웃은 당신의 소소한 사정을 알고 싶지 않다. 어떤 상황에서는 실제보다 더 자신감 있고 낙천적이며 평온하고 친근한 모습을 보이는 것이 전혀 문제되지 않는다. 하지만 안팎의 간격이 좁혀지지 않고 그대로 고착되어 계속해서 달콤한 측면만을 보여주어야 한다면 곤란하다.

소통심리치료로 유명한 라인하르트 타우쉬Reinhard Tausch 교수는 '정면正面'에 대한 심리를 이야기한다. 그것은 '포템킨 마을'의 일화를 연상시킨다. 러시아 카테리나 여제가 왕국을 시찰하기로 했다. 이곳저곳을 둘러보는 동안 비참한 광경을 목격하고 싶지 않았던 여제를 위해 충실한 신하 포템킨이 미리 손을 썼다. 여제가 길거리의 빈곤한 모습에 충격받지 않도록, 낙후된 마을을 잘사는 곳처럼 보이게 꾸민 것이다. 이처럼 사람들이 꾸며진 정면만 바라본다면, 아무도 진정한 모습을 발견할 수 없다.

세월이 흐르는 동안, 우리는 자신이 누구인지 잊어버린다

　　　　　　어째서 생쥐와 사자 이야기를 하는지 여러분도 대충 눈치챘을 것이다. 안과 밖의 대조적인 면을 설명하기 위해서다. 사자는 안정감과 힘을 상징한다. 생쥐는 왜소하고 깨지기 쉬우며 불안하고 연약한 모든 것을 상징한다. 이러한 특징들이 동물에 투사된 것이다.

사자의 모습으로 나타날 때 우리는 자신감 있고 근사하다. 또한 무척 매력적으로 비칠 수 있다. 모든 사람과 재미있는 대화를 나눌 수 있다. 일에서도 성공적이며 뛰어난 능력과 성실성을 두루 갖추고 있다. 헌신적일 뿐 아니라 늘 쾌활하고 친절하며 유머러스하고 관대하기까지 하다. 사자는 보기에 가장 빛나는 모습으로 나타난다.

반면 내면적으로 생쥐와 같다고 느낄 때는 우울한 상태다. 인생은 생쥐의 털만큼이나 우중충한 회색이고 즐거운 일이라곤 전혀 없다. 그뿐인가? 불안함으로 가득차 있고 누구도 나를 사랑하지 않는다고 느낀다. 일이 조금이라도 잘못될까봐 두려운 마음이 든다. 질투심과 욕심으로 가득찬 자신, 공격적이거나 지나치게 소심한 태도, 스스로의 무능력함을 증오할 때도 있다. 객관적으로 그럴 이유가 전혀 없는데 자주 두려움에 벌벌 떤다.

앞서 묘사한 부분 중 몇 가지는 당신에게서도 볼 수 있지 않은가? 사실 그리 놀랄 일도 아니다. 이 세상 모든 사람이 사자의 특성과 함께 생쥐의 특성을 가지고 있으니까 말이다. 늘 강하고 즐겁기만 한 사람은 아무도 없으며, 언제나 허약하고 불확실한 상태로 지내는 사람도 없다. 어떤 때는 이런 면이, 또 어떤 때는 저런 면이 나타난다. 문제는 사자와 생쥐가 협약을 맺을 때 발생한다. 겉으로는 자신감 넘치는 사자의 모습이지만, 보이지 않는 곳에서는 불안한 생쥐가 문을 잠그고 숨어 있는 경우다.

나를 찾아오는 많은 사람들에게서 이런 조합을 본다. 이들은 주변 사람들에게 보여주는 모습 뒤에 숨겨둔 이면을 나에게 드러낸다. 그 모습은 언제나 나를 감동시키고, 나는 그들의 용기에 감탄을 금치 못한다. 얼마나 힘들게 이야기를 털어놓는지 알기 때문이다. 사자의 모습 안에 그토록 작은 생쥐가 숨어 있다는 사실을 아무도 믿지 못할 것이다. 서른다섯 살의 컨설팅 매니저 그레타는 업계의 스타였다. 그녀는 대단한 능력과 열정을 갖고 있었고, 여러 회사에서 끊임없이 구애를 받았다. 마흔두 살의 영화감독 루카스도 큰 성공을 거둔 사람이었다. TV 시청자들도 그를 열렬히 환영했다. 게다가 그는 매우 매력적이고 잘생긴 용모의 소유자여서 여자들이 줄을 섰다. 쉰 살의 심리치료사 사비네는 내담자들을 온정과 자신감 넘치는 태도로 대했다. 그녀와 상담하고 싶어하는 대기자 명단은 아주 길었다. 이들을 연결하는 공통점은 다른 면을 드러내지 않으려 하는 깊은 두려움이었다. 이들은 모두 어린 시절부터 약점을 보이는 것은 치명적이며 누군가를 신뢰하는 일은 매우 위험하다고 배웠다. 참으로 드라마틱하게 들리지만 사실 많은 사람이 이런 문제를 가지고 있다.

어린 시절 스스로 굳은 맹세를 하는 특정 시기가 찾아온다. 더이상 상처받지 않겠다는 다짐을 바탕으로 점점 더 사자를 크게 키움으로써, 강하고 단단하며 능수능란하고 난공불락인 사람이 되어간다. 이는 우리에게 필요한 보호장치가 되어준다. 가능하면 생쥐를 아예 없애고 싶지만 불가능하다. 그래서 어떻게든 생쥐를 숨기기 위해 최선을 다한다. 약한 모습을 보이면 뜨거운 감자라도 되는 듯 나를 피할 것이다. 아무도 가까이하려 들지 않을 것이다. 아니면 나를 이용하거나 비웃고 모욕할 것이다. 그러므로 사랑하는 사람이라도 너무 가까워지면 자동적으로 차단하게 된다. 그렇게 세월이 흐르는 동안 자신이 누구인지 잊어버린다.

관계가 밀접해지려는 순간, 뒤로 물러서는 이유 ●

:

이런 상태에서는 아무리 친구가 많고 가족이나 배우자가 있더라도 외로움을 느낄 수밖에 없다. 계속해서 좋은 이미지를 유지하는 데 집착하기 때문에 진정한 관계를 발전시키기도 어렵다. 그러다 어떤 계기로 불안하고 나약한 자아가 비집고 나오기 시작하면 당황해서 어쩔 줄 모르게 된다. 아프거나 심한 스트레스에 시달리거나, 상실감에 크게 낙망하거나 놀랐을 때가 그렇다. 그후에는 평소와 다른 행동에 대해 어떻게든 이유를 만들어 설명하거나 별일 아닌 듯이 웃어넘기려 한다. 가령 "어제 난 정말 우울한 상태였어. 아마 보드카를 너무 많이 마셨나봐"란 식으로 변명하거나 "어휴…… 오늘은 그래도 훨씬 기분이 낫네. 어젠 나도 왜 그랬는지 모르겠어"라며 은근슬쩍 넘어간다.

약점과 단점을 숨기고 소망이나 꿈 혹은 생각을 속으로만 간직하면 안도하면서 살 수 있을지는 모르지만 그 대가는 크다. 누구도 진정한 내 모습을 알지 못한 채 세상에 혼자 남겨진 듯한 느낌에 종종 사로잡힌다. 궁극적으로 이는 사실이다. 아무도 나를 들여다보도록 허락하지 않기 때문에 내면적으로 완전히 혼자인 것이다. 그럼으로써 온전한 존재로서가 아니라 특정 부분만 사랑받고 그 가치를 인정받게 된다.

한편으로는 자신의 이면을 들여다보고도 여전히 사랑해줄 수 있는 사람을 열렬히 갈구한다. 백마를 타고 온 왕자님이나 꿈속의 연인에 대한 동경은 다 여기서 비롯된 것이다. 하지만 불행히도 이러한 동화 속 인물은 현실에서는 찾아보기 힘들다. 대부분 사람들은 우리가 밖으로 보여주는 강하고 자신감에 찬 모습만을 바라본다. 그런 모습을 바꾸어보려고 하면 불쾌함과 의심을 드러내기도 한다. 일반적으로는 "걱정하지 마, 넌 그대로도 문제없어"라고 말하거나 "넌 잘해나갈 거야!"라고 반응한다. 그러다가 정말로 누군가가 진정한 내 모습을 알고 싶어하는 기적 같은 순간이 찾아오면, 그 사람이 아예 끝장을 보려는 건 아닐까 하는 두려움이 엄습한다. 그래서 관계가 아주 밀접해지려는 순간, 오히려 뒤로 물러나고 마는 것이다.

당신이 외로운 이유는 한쪽 면만을 보여주기 때문은 아닌가? 한 번 확인해보라. 그리고 여러 가지 변화를 위해 다음과 같은 연습을 해보자.

- 커다란 종이를 준비한다.
- 동그라미를 그리고 그 안에 또다른 동그라미를 그려본다. 안쪽 동그라미는 바깥쪽 동그라미의 절반 정도 크기로 그린다.
- 바깥 동그라미는 사자 동그라미다. 그 안에 당신이 바깥세상에 보여주는 성격이나 중요한 지위 혹은 태도 등을 적어본다.
- 안쪽 동그라미는 생쥐 동그라미다. 여기엔 다른 이들에게 감

추고 있는 성격, 소망, 꿈 등을 적어본다.

마흔두 살의 이벤트 매니저 소피는 동그라미에 다음과 같이 적었다.

- **사자 동그라미:** 당당함, 성공, 명품 옷, 비싼 보석, 화장, 활달함, 친절하고 붙임성 있음, 유능함, 분명하고 직설적인 화법, 돈을 쓰거나 선물을 사는 데 아끼지 않음, 소비 지향적, 목적 지향적, 사교적, 인생을 손에 쥐고 주도할 수 있음, 다른 사람에게 과시할 만한 집, 다양한 친구들, 매력적인 배우자와의 관계.
- **생쥐 동그라미:** 쉽게 짜증냄, 우울함, 모든 이들에게 피로를 느낌, 인생이 힘들다고 여겨짐, 더 큰 성공을 거두지 못해 화가 남, 자신이 그렇게 예쁘지 않다고 느낌, 카리스마가 있는 사람에게 열등감을 느낌, 간혹 아무도 보고 싶지 않고 아무와도 얘기하고 싶지 않음, 잊히는 것에 대한 두려움, 부러움, 욕심, 초조함, 내가 모든 것을 알지 못한다는 사실을 남들이 알아차릴까봐 걱정됨, 못되게 구는 사람들에게 복수하는 꿈, 가끔씩 모든 것을 다 이루는 과대망상에 빠짐.

스스로 선택한 외로움을 끝내기 위한
단 하나의 가능성

⋮

　　　　　　스스로 선택한 외로움을 끝내기 위해서는 단 하나의 가능성밖에 없다. 생쥐를 밖으로 내보내야 한다. 모든 면을 드러냄으로써 고립된 내면의 모습을 없애는 것이다. 물론 이는 의지력만으로 하루아침에 이룰 수 있는 일은 아니다. 모습을 드러내기 전에 미리 철저한 준비가 필요하다. 이제까지 숨겨왔던 모습을 보여주려는 것이 아닌가. 특정 부분을 숨기는 것은 단지 다른 사람이 싫어할까봐서만은 아니다. 사실은 누구보다도 자신이 그것을 싫어하기 때문이다. 자신 없고 왜소하고 욕심 많고 심술궂은 모습을 스스로 증오하기 때문이다. 이러한 자기혐오는 고유의 목소리를 가지고 있다. 부정적 목소리가 얼마나 자주 튀어나오는지 아마 평소에는 잘 느끼지 못할 것이다. 대개는 이후의 비참한 기분으로 인해 그것을 깨닫는다.

　게다가 부정적 목소리는 어찌나 강한 설득력을 지니고 있는지 도무지 이길 수 없다. '저 멋진 여자 옆에 서 있으니까 넌 정말 볼품없어'와 같은 마음의 소리를 듣게 되는 것이다. '맞아, 네 말이 사실이야. 난 볼품없어.' 벌써부터 작아지고 움츠러드는 자신을 느낀다. 또 이런 소리도 들린다. '넌 정말 허풍선이야! 이 주제에 대해 네가 아는 게 얼마나 없는지 안 들켜서 다행인 줄이나 알아!' '맞아, 나는 아는 게 너무 없어.' 자신감은 쪼그라들기 시작한다. 부정적 목소리가 위험한 이유는 우리가 그 소리를 무조건 믿기 때문이다. 사실인지 아닌지 질문하는 경우는 없다. 그 소리를 잠재우려는 어떤 시도도 하지 않는다. 위험한 소리는 더욱 제멋대로 활개를 치고, 우리는 더더욱 고립된다. 정말로 자신이 왜소하고 어리석고 멋지지 않다면 논리적으로는 그런 모습을 보여주지 않는 편이 더 낫다. 하지만 그렇다고 해서 그 상태로 머물러서는 안 된다.

부정적 목소리에 반격하기

먼저 부정적 목소리의 정체부터 파악해야 한다. 지금까지는 이 목소리가 약점과 오류에 대해 직언하기 때문에 여기에 탁월한 진실과 걱정이 담겨 있다고 생각했다. 하지만 과연 그럴까. 부정적 목소리의 분명한 징후를 파악하려면 다음과 같은 두 가지 질문에 답하는 것으로 충분하다.

- 내면의 목소리가 나를 기쁘게 하는가, 아니면 우울하게 하는가?
- 내면의 목소리가 자신감을 키워주는가, 아니면 나를 무기력하게 만드는가?

만일 내면의 소리에 기분이 축 처진다면 그것은 확실히 부정적인 소리다. 우리를 좌절시키고 외로움을 더욱 강화하는 역할을 하기 때문이다. 그러므로 이제 그 힘을 빼앗을 때가 되었다. 부정적 목소리가 들릴 때마다 그것이 전달하는 메시지를 파악해야 한다. 예를 들어 '넌 정말 서투른 사람이야' 혹은 '너는 꽉 막혔어' '넌 너무 일벌레야'라는 소리가 들리면 다정한 친구나 엄마는 뭐라고 할지 생각해보라. 아마 "네가 약간 서투르긴 하지. 하지만 너무 걱정마"라고 하거나 "넌 성적 환상을 따르는 걸 두려워하는구나. 그건 보수적인 교육환경 때문이라는 걸 나는 누구보다 잘 이해해" 혹은 "너에겐 일이 무엇보다 중요하지. 그래서 너무 무리하는 경향이 있어. 하지만 넌 다른 면에서도 인정받고도 남을 사람이야"라고 할 것이다. 이 방법의 효과는 최근의 연구 결과가 뒷받침해준다. 텍사스 대학 심리학과 교수 크리스틴 네프는 이 주제를 학술적으로 연구해왔다. 크리스틴은 자신에 대한 부드러운 태도를 자기자비라고 부른다. 자기자비를 실행한다는 것은, 약점을 현재 감정적으로 필요한 부분이라고 인식하는 것이다. 또한 자신을 폭력적으로 비하하지 않고 언제나 스스로의 기대에 못 미칠 수 있다는 사실을 따스한 시선으로 이해하는 것이다. 그 결과는 놀랍다. 보다 유능하고 행복하고 건강하게 자기 자신을 이끌어갈 수 있게 된다.

자기자비를 연습하는 동안 점점 스스로를 받아들일 수 있다. 더 이상 자신을 가혹하게 대하지 않고 자신의 약점을 좀더 부드러운 시선으로 바라본다. 약점을 두 손 들어 반기지는 않지만 당연히 존재하는 본성의 일부로 받아들인다. 자기 안에 깃든 괴짜 기질을 받아들이고 담담히 살아가는 법을 배우는 것이다. 심리학자로서 돌아보자면 나도 예전보다는 나 자신과 다른 사람에 대해 더 많이 관대해졌고 스스로에게 신속한 변화를 요구하지는 않는다.

긍정적 목소리가 승리할 때까지 토론하기

내면의 부정적 목소리는 있지도 않은 약점까지 들추어내기도 한다. 그럴 때는 무작정 받아들이지 말고 부당한 비판을 확실하게 거부하는 것이 좋다. 세미나를 통해서 스스로 생각하는 자신에 대한 이미지와 실제 다른 사람이 바라보는 인식 사이의 간격이 얼마나 큰지를 풍부하게 경험했다. 이러한 경험을 통해 자기인식에만 의존하지 말고 다른 이들이 자신을 바라보는 시각을 통해 많은 도움을 받을 수도 있다는 중요한 사실을 알게 되었다.

두 가지 예를 들어보겠다. 서른네 살의 영양사 레나는 스스로를 둔하고 매력 없는 사람으로 인식하고 있었다. 또 마흔아홉 살의 그래픽 디자이너 스벤은 자신이 이미 늙어빠져서 새롭게 사업을 시작할 수 없다고 결론 내린 상태였다. 두 사람 모두 부정적 목소리가 너무 강해서, 약한 모습만 자꾸 커져가는 상태였다. 하지만 레나는 따뜻하고 재미있고 매력적이라는 찬사를 여기저기서 받고 있었다. 또한 스벤은 모두에게서 신뢰할 만하고 활동적이며 유능하고 현실적이라는 평가를 받았다. 이는 스벤의 꿈이었던 사업을 실현하기에 가장 이상적인 조건이었다. 오해하지 않기 바란다. 그저 진솔한 의견일 뿐 사탕발림이 아니다.

내면의 소리가 당신을 부정하거나 두렵게 할 때는 절대로 그 목소리를 받아들이지 말아야 한다. 다른 사람이 다음과 같은 모욕을 가하게 내버려두지 않는 것처럼 말이다. '당신은 잘생기기 않았어요. 당신은 지루해요. 당신은 너무 늙었어요. 당신은 여성적인 면이 없어요. 당신은 남자답지 않아요. 당신은 서투르군요. 당신은 관계 불능의 사람이에요. 당신은 지적 능력이 전무하군요. 당신은 꽉 막혔군요. 당신은 정말 지겨워요.' 이런 자기비난에 맞서서 긍정적 목소리를 활성화해보라. '당신은 성공할 수 없어요'라는 문장을 '당신은 성공할 수 있어요'라고 바꾸는 것만으로는 충분하지 않다. 자신을 설득하기 위해서는 좀더 많은 노력이 필요하다. 당신이 성공한 일들을 열거해보는 것도 좋다. 마지막으로 자신에게 말하라. "난 이미 충분히 많은 것을 이루었지만 이것도 한번 제대로 해보겠어." 채용 면접을 앞두고 있다면 어째서 당신이 채용될 수밖에 없는지에 대해서도 주장해보라. "난 준비가 잘되어 있거든. 대부분의 요건을 충족시켰으니 이젠 최선을 다할 차례야. 현실적으로 가능성이 높으니까."

긍정적 목소리와 부정적 목소리의 대화를 끈질기게 이어보라. 부정적 목소리는 아주 잘 훈련되어 있다고 볼 수 있다. 아마 쉽게 포기하지 않을 것이다. 매번 길고 긴 대화를 통해 구체적으로 비교해봐야 한다. 긍정적 목소리를 위해 독창적인 최상의 논리를 찾아보라. 그리고 긍정적 목소리가 승리할 때까지 토론을 끝내지 말라.

"난 괜찮아"의 힘

긍정적 확신을 위해 노력해보라. 긍정적 목소리에 힘을 실어주기 위해 거듭 말해보라. "나는 매력적이야." "나는 충분히 멋져." "난 이대로도 괜찮아." 자신을 위한 긍정적 문장을 구성할 때는 다음과 같은 방법이 좋다.

> **간단하고 정확하게.** 긴 문장을 기억하기는 쉽지 않다. 짧은 문장은 외우기도, 반복하기도 쉽다.
> **긍정적으로.** '그 누구도' 혹은 '아니고' '절대로 다시는 ~않겠어'와 같은 표현은 최대한 피한다. '난 어리석지 않아' 같은 표현 대신에 '난 똑똑해'와 같은 긍정적인 표현을 선택하라.
> **원하는 일이 현실이 된 것처럼.** 미래 시제를 사용하는 대신에 현재 시제를 사용하라. '난 멋진 사람이 될 거야' 대신 '난 멋진 사람이야'라고 표현하라.

기존의 긍정적인 표현을 이용할 수도 있다. 미국 심리학자 수전 제퍼스는 지금까지 그 효력이 증명된 여러 표현을 소개한다. 다음 모든 문장은 '난 괜찮아'라는 헤드라인 아래에 나열될 수 있다.

- 난 강하고 사랑으로 가득차 있다.
- 난 이 세상에 줄 게 많다.
- 난 가치 있는 사람이다.
- 난 사랑받을 가치가 있다.
- 내 인생은 의미가 있다.
- 내 인생은 올바르게 발전하고 있다.
- 나에겐 스스로의 발전을 위한 시간이 충분하다.

긍정적 표현들을 카드나 작은 종이 위에 적어본다. 좋아하는 장소에 두고 자주 읽도록 한다. 지갑이나 옷장 안쪽, 냉장고나 책갈피 등이 좋겠다. 공개적인 장소에 붙이기가 부끄러우면 좀더 비밀스러운 장소를 찾아보자. 내 친구는 타협점을 찾아냈다. 화장실 거울에 다음과 같은 문구가 적힌 스티커를 붙인 것이다. '난 다정다감한 남자가 좋아!' 누군가 집으로 찾아오면 친구는 스티커를 떼어서 화장대 서랍에 넣었다.

성공은 확신과 함께 온다

앞서 묘사한 모든 방법은 우리 내면이 변화한다는 사실을 보여준다. 시간이 지날수록 점점 더 확신이 서고 용기가 생긴다. 이는 단지 긍정적 사고를 열렬히 신봉하는 사람에게만 해당되는 일이 아니라 실제로 증명 가능한 것이다. 스포츠심리학자들은 이 방법을 전략적으로 사용한다. 이들이 실시하는 정신적 훈련에는 새로운 스포츠맨이라는 자기 이미지 창조가 포함되어 있다. 이를 위해 우선 강도 높은 훈련에도 불구하고 목표 달성을 방해하는 부정적인 사고방식을 모두 노출시킨 다음 현실적인 대체방안을 제시한다. 이 같은 방식은 종종 믿기 어려울 만큼 성공적이다. 반복적으로 확실히 주입하다보면 결국에는 무의식도 새로운 메시지를 무시하지 못한다. 정신적인 변화도 피트니스 훈련과 똑같다. 시간이 날 때마다 공원에서 조깅하는 것은 아무것도 하지 않는 것보다는 항상 낫다. 물론 그것만으로는 최상의 컨디션을 유지하기 어렵지만 규칙적으로 운동하고 노력하다보면 차츰 성공이 눈앞에 펼쳐질 것이다. 이와 마찬가지로 매일 내면을 가꾼다면 시간이 지날수록 자신감과 여유를 얻게 된다. 이로 인해 자신을 좀더 보여주고 싶은 생각이 들 것이다.

'느끼는 것'과 '표현하는 것'의 조화

이제 바깥으로 눈을 돌릴 때다. 다시 상상 속으로 돌아가보라. 안에 갇혀 있던 생쥐는 서서히 밖으로 나와야 한다. 그렇다고 자신을 심하게 압박할 필요는 없다. 아무리 용기와 에너지가 필요한 일이라지만, 발걸음을 내디딜 때마다 기분이 좋아지는 것이 중요하다. 이를 위해서는 어느 정도 휴식하는 연습이 필요하다. 지금까지는 강한 자기통제 속에서 살아왔으니 말이다. 물론 생쥐가 함부로 돌아다니지 않게 하려면 그렇게 해야 했다. 스스로 그렇다고 짐작하거나 실제로 존재하는 나약한 면을 들키면 곤란하니까 말이다. 이러한 태도가 시간이 흐르면서 습관으로 굳는다. 어쩌면 당신도 이제는 알 것이다. 누군가가 "오늘은 어떠세요?"라고 인사하면 "아주 좋아요. 감사합니다"란 말이 자동으로 튀어나온다. 혹은 직장에서 누군가 부당하게 대하더라도 사람들 앞에서는 어깨를 으쓱 추어올리고 "그래? 다 그런 거지, 뭐" 하고 만다. 당신이 힘들고 상처받았다는 사실을 아는 사람은 아무도 없다.

앞으로는 사람들에게 매끈한 앞모습만 보이지 말고 우둘투둘한 면도 조금씩 드러내자. 모든 것이 괜찮다는 식으로 자신을 속이지 말고 조금씩 진정한 느낌을 표현해보라. 누군가가 "오늘은 어떠세요?"라고 물으면 "음…… 그저 그런데요. 사실 스트레스가 많네요"라고 솔직히 말해보자. 당신을 걱정해주는 지인이 "승진이 안되었는데 기분이 어때요?"라고 물어오면 "사실 좀 타격을 받았어요. 이번에는 제가 그 자리에 갈 거라고 생각했거든요"라고 대답할 수도 있다. 발가벗은 영혼을 드러낼 필요는 없지만 내면을 좀더 진솔하게 보여주는 것이 좋다. 미국 심리학자 칼 로저스Carl Rogers는 진정으로 느끼는 것과 표현하는 것 사이의 '조화'에 대해 이야기한다.

앞으로는 일상적인 상황에서도 이러한 조화를 실천해보면 좋겠다.

소통 상대를 신중하게 선택하기

소통 상대를 잘 택해야 오해가 생기지 않는다. 겪고 있는 문제나 나의 꿈, 혹은 은밀한 소망과 극단적인 나약함은 사랑과 우정으로 연결된, 믿을 수 있는 사람에게만 털어놓는 것이 좋다. 자신을 드러내는 것은 가미카제 특공대의 임무가 아니니 말이다. 남 얘기하기 좋아하는 사람에게 개인적인 비밀을 털어놓지 말라. 염세주의자에게 미래의 희망을 이야기했다가 그 희망이 산산이 부서지지 않도록 조심하라. 게다가 세상에는 다른 사람의 감정에 지극히 무신경한 사람도 있다. 이런 사람들에게 개인적 문제를 얘기하는 것을 피하라. 천천히 시간을 두고 어떤 사람을 믿고 이야기를 털어놓을지 판단해야 한다. 그 실마리는 다음과 같다.

- 누가 입이 무거운가?
- 누가 남의 말을 잘 들어주는가?
- 누가 다른 사람에 대해 좋게 말하는가?
- 누가 긍정적인 삶의 태도를 가지고 있는가?
- 누가 살아가면서 슬픈 경험을 한 적이 있는가?
- 당신을 좋아한다는 느낌이 드는 사람은 누구인가?
- 누가 괜찮은 사람이란 생각이 드는가?

한 사람이 이 요소들을 모두 만족시킬 필요는 없다. 몇 가지 요소만 갖추고 있어도 훌륭하다. 어쩌면 오래전부터 곁에 있던 친구나 친척 혹은 배우자가 여러 요소를 충족시키는 적격자일 수 있다.

그림자 뛰어넘기

신뢰할 수 있는 사람을 찾았다면 적당한 기회를 기다리자. 속내를 털어놓으려면 시간과 여유가 필요하다. 이때 몇 가지 유념할 점이 있다. 갑자기 이야기를 시작하지 말라. 우선 일이나 자녀교육, 배우자와의 관계 등 일반적인 주제로부터 시작해 점점 심도 깊은 주제로 옮겨간다. 상대가 먼저 이야기를 시작하는 것도 이상적이다. 분위기가 무르익었다고 느껴질 때 당신의 이야기를 시작해보라.

이 방법이 얼마나 효과적인지는 마흔두 살의 교사 베라의 예를 통해 알 수 있다. 베라는 말했다. "수년 동안의 내면적 외로움을 깨고 나올 수 있었던 그 상황을 아직도 선명하게 기억해요. 2년 전 함부르크에서 프랑크푸르트로 가는 기차 안에서였죠." 베라는 가정에 큰 문제를 안고 있었다. 남편이 지속적으로 바람을 피운 것이다. 그녀는 몹시 괴로웠지만 다섯 살 된 딸이 있어 이혼은 원치 않았다. 베라는 겉으로는 단단하고 유능하며 자신감이 넘치는 '사자'의 모습을 보여주는 전형적인 타입이었다. 베라가 완벽한 결혼생활과는 거리가 먼 삶을 살고 있다는 사실을 알아챈 사람은 아무도 없었다. 친구들조차도 베라가 불행하며, 속으로 울음을 삼킨다는 사실을 몰랐다. 베라는 그 모든 짐을 혼자 짊어진 채 겉으로는 행복하고 만족스러운 웃음을 보이며 살았다. 다른 사람에겐 좋은 조언을 해주었지만 자신을 위해서는 어떤 도움도 받으려 하지 않았다. 지인도 많았지만 베라는 한없이 외로움을 느꼈다.

그러던 어느 날 프랑크푸르트로 가는 기차 안. 그녀에겐 반년 동안 같이 직장의 상급 훈련과정에 참여하며 친해진 동료가 있었다. 그날 두 사람은 같은 기차간에 나란히 앉아 있었다. 베라보다 개방적인 성격의 동료가 먼저 자신의 힘든 관계에 대해 털어놓았다. 그 얘기를 듣고 베라도 벽을 뛰어넘기로 했다. 머뭇거리고 당황스러워하면서 베라도 자신의 문제를 얘기하기 시작했다. 말하는 내내 눈물이 절로 흘렀다. 동료는 사려 깊은 태도로 가만히 이야기를 들어주었다. 자신을 열고 속내를 표현하는 일이 얼마나 큰 위안이 되는지 베라는 그날 깨달았다. 그날 이후로 그녀가 가장하고 있던 겉모습은 스르르 무너져내렸다. 드디어 다른 사람들에게 느낌과 생각을 진실되게 표현하기 시작한 것이다. 염려했던 재앙도 일어나지 않았다. 그 누구도 그녀를 경멸하거나 가혹하게 대하지 않았다. 이제 베라는 자신의 모습을 있는 그대로 보여줄 수 있는 좋은 친구를 여럿 가지게 되었다. 이들은 베라의 사자뿐 아니라 생쥐도 같이 좋아해주는 사람들이다. 남편과의 문제는 아직 해결하지 못했지만 적어도 이제는 그전처럼 외로움에 시달리지는 않는다.

자신을 드러내는 것에 대한 두려움 •

:

　　　　　　자신을 드러내는 순간, 커다란 두려움으로부터
해방될 수 있다. 물론 있는 그대로의 모습이 온전히 받아들여질지
는 아무도 보장할 수 없다. 그렇다고 불필요한 두려움에 떨어서는
안 된다. 게다가 정신은 훌륭한 조력자가 되어준다. 내가 느끼는
두려움이 실제로 근거가 있는지, 아니면 그저 공상에 지나지 않는
지를 판단해준다.

본질적인 두려움

고백이 제대로 받아들여지지 않을까봐 두려운 마음이 드는 것은
사실 당연하다. 이 세상에 완벽한 사람은 없으며 실제로 거부를 당
하면 누구든 뒤로 물러나기 마련이다. 어쩌면 당신도 이미 누군가
에게 상처를 준 경험이 있을지도 모른다. 나 또한 별 뜻 없이 한 말
에 친구가 몸을 떨며 눈물을 글썽이는 모습을 보고 깜짝 놀란 적이
있다. 내가 한 말은 약간 무례할 수는 있지만 그리 심한 내용은 아
니었다. 대부분은 그저 무심히 흘려듣거나 스트레스를 받은 상태
에서 나온 말이라고 치부했을 것이다. 하지만 내가 우연히 내뱉은
말은 친구가 어릴 때 엄마로부터 수없이 들어야 했던 모욕적인 표
현이었다. 결국 작은 부주의가 친구에겐 커다란 상처가 되었다.

자신을 드러낼 때 다른 사람들이 생각처럼 이상적인 반응을 보

이지 않을 수도 있다. 얘기를 듣고도 자비심으로 대하지 않고, 사려 깊게 받아들여주지 않을 수도 있다. 어쩌면 그 고백이 나중에 나를 공격하는 무기로 사용될 수도 있다. 그렇다고 해서 의기소침해질 필요는 없다. 소통할 수 있는 상대를 신중하게 잘 고르면 두려워할 이유도 줄어든다. 물론 완벽한 안전이 보장되는 것은 아니지만 그렇다고 주저할 필요도 없다. 부정적 반응에 굳이 마음을 다칠 필요도 없다. 대개 그것은 내가 아닌 상대의 문제에 기인하는 경우가 많기 때문이다. 그 사람은 아마 자신의 마음을 여는 데 문제가 있을 것이며, 그런 불안함이 무례한 행동으로 표현되는 것일 수 있다.

비현실적 두려움

인간의 불완전성과 연결된 본질적인 두려움 이외에도, 버려야 마땅한 어린 시절의 두려움도 있다. 이 두려움은 종종 우리의 모습을 그대로 보여주는 것을 무의식적으로 방해한다. 그런 방해에도 불구하고 노력으로 밀어붙일 때 두려움은 신체적으로 표현되기도 한다. 입술이 마르고 심장은 거세게 뛰며 머릿속은 텅 비어버린다. 갑자기 감각이 없어지고 마비된 듯한 느낌이 든다. 너무나 불쾌한 경험이어서 재빨리 이전의 '사자' 상태로 돌아가려고 한다.

하지만 아무리 두려움이 엄습한다 할지라도 그 두려움은 실제로 존재하지 않는 망상에 불과하다. 참된 모습을 전부 드러냈는데도 모든 사람이 나를 버리고 모욕한다는 건 있을 수 없는 일이다. 오히려 그 반대다. 전부를 보여줌으로써 더욱 인간적이 되고 다른 사람의 관심도 얻게 된다. 칼 로저스는 이렇게 말한 적이 있다. "당신을 볼 수 없는데 어떻게 당신을 사랑할 수 있겠어요?" 로저스는 사람들이 겉모습을 벗고 진정한 모습을 드러내도록 하는 일에 많은 시간을 바쳤다. 이를 위해 그는 자신이 '참만남Encounter'이라고 부른 형식을 고안하기도 했다. 참만남은 여러 사람들을 며칠 동안 쾌적한 환경에서 같이 지내도록 하는 것이다. 대개 책임자나 교사 혹은 사회복지사로 이루어진다. 단순히 자신을 열고 타인에게 접근하는 방법을 배우려 참석한 사람들도 있다. 모든 모임에는 지도자가 있지만 규칙은 없다. 지도자는 단지 모든 사람이 이야기할 기회를 얻고, 개방적이고 호의적인 분위기가 지속되도록 한다. 이것은 자녀들이 자유롭게 뛰어놀도록 허용하지만 동시에 다치지 않도록 주의를 기울이는 좋은 부모와도 같은 역할이다.

대학에서 심리학을 공부하는 동안 여러 번 그런 모임에 참석했고, 나중에 함부르크 대학에서 전임강사로 재직하는 동안 학생들과 이런 모임을 조직하기도 했다. 사람들이 두려움을 딛고 자신에 대해 열린 자세로 이야기할 때, 그 사람과 그를 둘러싼 관계가 어떻게 변화하는지를 보는 것은 놀라운 경험이었다. 갑자기 미움의 감정이 수그러들고 편견이 사라졌다. 사람들의 얼굴이 젊어지고 표정이 여유로워지는 등 그 변화가 눈에 띄게 보일 정도였다.

관계에 대한 두려움

걱정과 문제를 얘기하는 것이 다른 사람을 피곤하게 만들지는 않을까 하는 생각에서 두려움이 생겨나기도 한다. 나와 가까운 친구들조차도 그 같은 두려움을 가지고 있다. "네가 심리학자라서 이용하려는 건 아니야"라며 미안해하거나 잠시 얘기를 하다가 "아니야, 이젠 그만 얘기하는 게 좋겠다"라며 그만두는 경우도 종종 있다. 하지만 나 자신이나 상대방에 대해 진술하게 대화를 나눌 때, 단 한 번도 피곤하다고 느낀 적이 없다. 솔직하게 조언을 청하고 내면적 욕구를 드러내면서 인간적인 유대감에 기대어보라. 도움을 청하는 사람을 도와주는 것은 기쁨이며 영광이라고 할 수 있다. 그 사람이 내가 도움과 지혜를 제공할 수 있는 사람이라고 느꼈다는 뜻이니 말이다. 대부분 사람들도 그렇게 생각할 것이다.

나를 피곤하게 하는 것은 상대방이 아무런 변화 없이 똑같은 문제를 가지고 하소연할 때다. 정신적 쓰레기통 역할을 영원히 맡고 싶은 사람은 이 세상에 아무도 없다. 또한 다른 사람이 어떤 상황에 있는지 상관하지 않는 태도도 우리를 피곤하게 만든다. 어린 자녀를 재우는 일이 무엇보다 급한 엄마나 중요한 일을 앞두고 있는 친구, 피곤해서 녹초가 된 배우자나 두통을 앓고 있는 친구라면 나의 문제를 같이 고민해주기 어렵다. 혹시 다른 사람에게 피곤한 존재가 되지는 않을지 걱정된다면 그것을 확인할 수 있는 아주 간단한 방법이 있다. 상대방에게 물어보라. "혹시 한 시간 정도 나에게 시간을 내줄 수 있어요?" 실제로는 그렇지 않으면서 "그럼요"라고 말한다면 그건 그 사람 잘못이다.

자신을 열어젖히기 ●

몇 년 전 나는 위르겐 플리게의 토크쇼에 전문가로 초빙된 적 있다. 여러 게스트들 가운데는 몽골 시인 갈산 치낙도 있었는데 그는 라이프치히 대학에서 독일어를 공부했기에 유창한 독일어 실력을 자랑했다. 아시아인의 얼굴을 한 우아한 남자가 청중 앞에 서서 독특한 예술적 풍미를 전해주었다. 잠시 후 사회자가 시인에게 시와 노래를 창작하게 된 동기가 무엇인지 물어보았다. 치낙은 열린 태도로 마음을 털어놓았다. "외로워서이지요." 그 말을 하는 순간 그는 자신감에 차 보였고 청중은 그런 태도에 감동했다. 그가 보여준 것을 결코 잊지 말아야 한다. 진정한 얼굴을 보여줄 수 있는 사람은 강하다는 사실을 말이다.

심리치료사 수전 페이지도 말한다. "감정적 두려움과 같은 진실을 드러내는 것은 늘 어려운 일이다. 따라서 우리는 그것을 숨기거나 가장하기 위해 엄청난 에너지를 쓴다. 우리가 진실을 밝히고 나면 나약하게 느껴지는 것도 바로 그 때문이다. 하지만 사실 바로 그것이 우리를 자유롭게 한다. 그러므로 나약해지는 것은 자신과 가까워짐과 동시에 내면적 평화를 얻음으로써 진정한 자기애를 획득하기 위한 중요한 과정의 하나다. 우리 모두가 나약함을 피하지 않고 받아들임으로써 그것의 진정한 가치를 이해할 수 있다면 이 세상은 얼마나 멋질까!" 아마도 더이상 외로움에 시달리지 않는 그런 세상이 오지 않을까?

9장

다른 사람들은
모두 잘만 사는데······

내 안의 나와 마주하기

●　　　　　　나보다 크게 잘난 것도 없어 보이는데 그 사람은
어째서 그렇게 친구가 많을까? 친구들이 뒷걸음질치면서 내게 연
락하지 않는 이유가 뭘까? 어째서 사람들이 나를 더이상 초대하지
않는 걸까? 이런 질문을 하다보면 다른 사람들을 멀어지게 만드는
성격에 대해 깨닫게 될 수도 있다.

　그렇지만 부족한 면을 제대로 파악하는 사람이 얼마나 되겠는
가. 자신이 완벽하다고 생각하는 사람은 없겠지만 대체로 우리는
스스로를 긍정적으로 바라본다. 이는 물론 인간적이며 정상적인
태도다. 그 안에 위험한 진실도 숨어 있지만 말이다. 위험한 진실
이란, 자신이 생각하는 자아형상과 어긋나는, 못마땅한 모습은 아

예 인정하지 않는 오류를 뜻한다. 미심쩍은 상황에서는 오히려 다른 사람의 태도를 비난한다. 내 말에 상처받았다면 그것은 특이한 유머를 이해하지 못한 그 사람 탓이다. 혹은 누군가 나를 비판한다면 그것은 그 사람이 내 성공을 질투하기 때문이다. 썩 유쾌하지 않은 성격을 스스로 깨닫지 못해 사람들이 떠나게 만드는 경우를 카트야의 사례를 통해 볼 수 있다.

서른일곱 살의 일러스트레이터 카트야는 외롭다. 늘 같은 패턴이 되풀이되기 때문이다. 활달하고 재미있는 성격으로 인해 처음에는 모든 사람들이 그녀에게 호감을 보이지만, 대부분은 곧 흥미를 잃어버리곤 했다. 카트야는 그 이유를 도무지 알 수 없었다. 숨겨진 열등감 때문에 자신이 항상 다른 사람을 희생양으로 삼아서 자신을 돋보이게 하려 한다는 사실을 깨닫지 못했기 때문이다. 앙겔라가 아니었다면 평생 깨닫지 못했을 수도 있다. 어느 날 카트야는 여성 잡지에 그림을 그려달라는 요청을 받았다. 그때 편집자 앙겔라를 알게 되었는데 그녀는 따뜻하면서도 개방적인 성품의 소유자였다. 이후 개인적으로 연락을 주고받았고 카트야는 앙겔라와 친해지기 위해서 갖은 애를 썼다. 그리고 드디어 소그룹으로 이루어진 친구 모임에 초대받을 수 있었다.

초대된 친구들 중에는 카트야의 오랜 친구 멜라니도 있었는데, 새 남자친구와 함께 온 그녀와 우연히 마주치게 되었다. 둘은 아주 오랫동안 만나지 못했던 사이였다. 전채요리를 먹던 중 카트야는 모두 들을 수 있을 만큼 큰 소리로 멜라니의 콤플렉스인 헤어스타일에 대해 언급했다. "멜라니, 넌 그 60년대 스타일이 정말 잘 어울리는 것 같아. 근데 혹시 아직도 끔찍한 원형탈모에 시달리는 건 아니겠지?" 멜라니는 얼굴이 새빨개져서 아무것도 모르고 있을 게 분명한 남자친구를 바라보았다. 그때 앙겔라가 끼어들어 화제를 재빨리 다른 데로 돌린 덕에 상황은 간신히 수습되었다. 다음번에 카트야를 만났을 때 앙겔라는 직설적으로 말했다. "미안한데 카트야, 당신과는 개인적으로 연락하고 싶지 않네요. 멜라니에게 한 행동은 정말이지 너무 무례했어요. 당신과 친구로 지냈다가는 나에게도 똑같은 실수를 할까봐 언제나 전전긍긍할 것 같네요." 카트야는 소스라치게 놀랐다.

당신의 무엇이 다른 사람을 도망가게 하는가?

                      이론적으로 볼 때 내가 가진 약점은 그것이 무엇이든지 다른 사람이 나를 피하는 이유가 될 수 있다. 손톱을 계속 물어뜯는다든지, 습관적으로 약속을 어긴다든지, 혹은 지나치게 날카로운 목소리로 이야기한다든지, 저속한 농담을 잘한다든지 하는 약점 말이다. 그러므로 자신의 약점을 잘 살펴보아야 한다. 하지만 동시에 분명히 말하고 싶은 부분도 있다. 그 모든 약점에도 불구하고 사람들은 대부분 잘살고 있다는 점이다. 궁극적으로 '누구도 완벽하지 못하다'라는 명제는 사실이다. 하지만 타인이 피하게 만드는, 지나치게 강한 성향도 존재한다. 다음은 삶에 부정적인 영향을 미치는 성향들이다. 필요하다면 체크리스트를 잘 이용해보라. 자신에게 아주 강하게 깃들어 있는 성향을 체크해보자.

☐ 흉을 잘 본다   ☐ 쉽게 화를 낸다
☐ 질투심이 많다   ☐ 위생에 신경쓰지 않는다
☐ 무미건조하다   ☐ 심술궂다
☐ 변덕스럽다   ☐ 경멸스러워한다
☐ 비관적이다   ☐ 비꼬는 성격이다
☐ 수다스럽다   ☐ 자기중심적이다
☐ 요령이 없다   ☐ 욕심이 많다
☐ 지루하다   ☐ 냉정하다
☐ 인색하다   ☐ 솔직하지 못하다
☐ 허풍쟁이다   ☐ 남 애기를 잘한다
☐ 상처를 잘 받는다   ☐ 참견을 잘한다
☐ 아집이 강하다   ☐ 악의적이다

몇 개나 체크했는가? 대부분 체크한 것이 거의 없거나 있어도 몇 개 이하일 거라고 예상한다. 내 말이 맞는가? 만약 그렇다면 정말로 부정적 성향이 없거나 혹은 그 성향이 두드러지지 않아서겠지만, 그게 아니라면 대부분 사람들과 같은 이유에서다. 즉 못난 성향을 인정하고 싶지 않은 것이다. 자아에 너무 큰 타격을 줄 수 있으니까 말이다. 어떤 사람이 스스로 '난 악의적인 사람이야'라고 말하겠는가? 좋지 않은 성향이 한두 개쯤 있다 하더라도 이를 인정하기보다는 다른 식으로 교묘하게 포장하는 편을 택할 것이다. 가령 인색한 것이 아니라 경제관념이 투철한 것이며, 수다가 심한 것이 아니라 의사소통을 잘하는 것이고, 요령이 없는 것이 아니라 솔직한 것이라고 생각하는 식이다.

알리바이로서의 결함

우리가 책임을 지는 것을 얼마나 주저하는지는 다른 경우에서도 알 수 있다. 자신이 왜 외로운지, 그 이유를 외면적인 결함에 돌리는 일이 많다는 뜻이다. 얼핏 듣기에는 설득력 있는 말 같다. 복숭아같이 매끄러운 피부를 가진 사람이 여드름투성이 얼굴보다 매력적으로 느껴진다는 것은 부인하기 어렵다. 뚱뚱한 사람보다는 훤칠한 사람이 더 멋있어 보인다. 하지만 단지 부족한 외모가 외로움의 원인이라고 생각한다면 오산이다. 외부적인 결함은 처음엔 장애가 될 수 있을지 모르지만 첫인상이 계속 이어지는 것은 아니다. 이는 쉽게 확인할 수 있다. 예를 들어 아주 아름다운 여성이나 잘생긴 남성에게 이끌리는 경우를 상상해보라. 하지만 그녀 혹은 그가 오만하거나 지루하거나 멍청한 사람으로 밝혀진다면? 이전의 매력 포인트는 온데간데없이 사라지고 만다. 정반대의 경우도 마찬가지다. 이야기를 나누다보면 상대의 외모는 그리 중요하지 않다. 성격이 외모보다 더 중요하며 대부분의 결함을 상쇄할 수 있을 만큼 큰 역할을 한다. 외면의 완벽함보다 더 중요한 것은 얼마나 따뜻하고 지혜로우며 매력적이고 친절하며 흥미로운 사람인가 하는 문제다. 혹시 당신이 어떤 결함 때문에 괴로워하는 사람이라면 싸구려 위로를 건네고 싶지는 않다. 성격으로 결함을 극복할 수 있다는 주장은 명백한 근거를 바탕으로 하고 있기 때문이다.

말을 더듬는 젊은 여성이 내 세미나에 참석한 적이 있다. 그녀는 자신감과 매력이 넘치는 타입이어서 대부분은 말더듬는 버릇마저 개성으로 받아들였다. 혈관종에 걸려서 얼굴이 흉하게 변한 남자도 있었다. 하지만 그와 이야기를 시작하는 순간 다소 흉측해 보였던 얼굴이 더이상 눈에 들어오지 않았다. 사람들은 그의 미소와 눈빛에 매료되었다. 반면 파티에서 작은 키에 콤플렉스를 갖고 있는 것이 분명한 남성을 만난 적이 있다. 나는 아주 자연스럽게 그에게 다가갔고 다른 모든 사람들에게 그렇게 하듯 친절하고 부드럽게 그를 대했다. 하지만 내 키가 180센티미터라는 사실이 불쾌해서인지 그는 아주 시니컬하고 악의에 찬 태도를 보였고, 나는 불쾌해져서 곧 자리를 떠났다. 그는 작은 키 때문에 모든 사람이 자신을 무시한다고 믿고 있는 게 분명했다.

나를 선명하게 비춰주는 거울 　　　　　　　　•

⋮

　　　　　　　부정적 성향을 점점 지워갈 수도 있고, 그것을 재해석하거나 외부에 책임을 돌릴 수도 있지만, 가장 중요하고 시급한 일은 자신의 행동에 대해 진지하게 생각해보는 것이다. 그 결과에 대해 다른 사람을 비난하거나, 변명하려 해서는 안 된다. 외로움에서 벗어나고 싶다면 무엇보다 솔직한 자아성찰이 필요하다. 이것 하나는 분명하다. 아무리 이미지를 잘 꾸미고 약점을 부정하거나 다른 것으로 대신한다 해도, 다른 사람을 만나게 되면 진실은 드러나기 마련이다. 당신이 스스로를 어떻게 생각하건 다른 사람에겐 별다른 차이가 없다. 사람들은 오로지 내가 보여주는 행동에 따라 반응하기 때문이다. 그러므로 보편적인 권유사항을 전하려 한다. 모자라는 것보다는 넘치는 것이 낫다. 반성만으로는 크게 전진하기 어렵다. 전혀 생각하지 못하던 문제에 대해 갑자기 날카로운 안목을 발휘할 수는 없으니 말이다. 그런데 나를 외롭게 만드는 것이 무엇인지를 밝혀내기에 효과적인 방법이 있으니 그것은 바로 다른 사람이 자신을 어떻게 생각하는지 의견을 들어보는 것이다. 타인의 평가는 자신을 어느 때보다 선명하게 볼 수 있게 비춰주는 거울과도 같다.

　그렇다고 해서 처음부터 다른 사람들에게 나를 어떻게 생각하는지 구체적으로 물어보라는 의미는 아니다. 다만 눈을 열고 선입견을 배제하고 다른 사람들이 나에게 어떤 태도를 취하는지 지켜보라는 뜻이다. "인간은 소통하지 못하는 것이 불가능한 존재다." 소통 전문가 파울 바츨라비크Paul Watzlawick의 단언이다. 다시 말하면 굳이 의도하지 않아도 사람들은 신호를 보내고 받는 방식으로 소통한다는 것이다. 그러므로 사람들로부터 매일 받는, 자발적이면서도 돈이 들지 않는 여러 평가는 커다란 가치를 지닌다. 그것을 눈여겨보기 시작하면 새롭게 발견하는 사실들에 놀라게 될 것이다.

간접적이고 비언어적인 평가

생각하는 바를 노골적으로 이야기해주는 사람은 거의 없다. 어쩌면 지나치게 공손하거나 두려워하거나 혹은 무관심하기 때문일 것이다. 하지만 행동은 말만큼이나 많은 메시지를 내포하고 있다. 쉬운 예를 들어보겠다. 내가 다니는 필라테스 수업에는 땀냄새 제거제를 쓰지 않는 여성이 있다. 누구도 가까이 앉으려 하지 않아서 항상 그녀 옆이 비어 있었다. 이는 그녀가 위생적으로 문제 있는 사람이라는 평가를 규칙적으로 받는 것이나 다름없었다. 하지만 불행히도 그녀는 사람들의 메시지를 전혀 이해하지 못했다.

비언어적인 평가는 여러 형태로 나타난다. 가령 사람들이 내 이야기를 한 귀로 흘린다거나, 얘기하던 상대가 얼른 자리를 일어선다거나, 레스토랑에 가면 웨이터가 나를 모른 척한다거나 하는 것들이 그 신호다. 어떤 경우에는 특정한 모임이나 행사에 나를 부르지 않음으로써 간접적인 신호를 보내기도 한다. 부서의 모든 사원들이 퇴근 후 맥주를 마시러 가기로 했다는 사실을 알았다. 하지만 누구도 같이 가자는 얘기가 없다. 혹은 친한 친구들끼리 멋진 파티를 했다는 소식을 뒤늦게 듣는다. 물론 난 초대받지 못했다. 간접적이고 말로 표현하지 않은 평가이기 때문에 사람들이 피하는 이유를 알 수는 없지만 적어도 뭔가가 잘못되었다는 사실은 알 수 있다. 이때 상처받은 자아를 위로하기 위해 즉시 변명거리를 찾는 것은 좋지 않다. "내가 바에 가는 걸 싫어하는 걸 그 사람들도 잘 알거든요"라든가 "파티에 가면 분명히 지겨울 거예요"라는 변명 말이다. 변명 대신 자신을 좀더 가까이 들여다보는 것이 좋겠다.

때때로 말로 표현되는 평가도 있다. 긍정적인 평가로는 칭찬이 있고 부정적인 평가로는 비판이 있다. 물론 누구도 비판을 좋아하지는 않는다. 비판에 대한 자연스러운 반응은 자신을 방어하는 것이다. 보통 왜 그런 행동을 했으며 어째서 다르게 행동할 수 없었나를 설명한다. 혹은 다음과 같이 반격한다. "나한테 그런 얘기를 하다니, 당신도 전혀 나은 것이 없잖아요?" 하지만 타인의 평가를 통해 자신에 대해 새롭게 알고자 한다면 반격하고 싶은 충동에 굴복하지 말아야 한다. 그 대신 다른 사람들이 무엇을 비판하는지 정확하게 들어야 한다.

타인의 평가를 얻기 위한 지침

자신에 대한 평가를 정리하다보면 이전보다 더 명확하게 보이는 것들이 있을 것이다. 이제 한계가 무엇인지 예상할 수 있다. 그렇다고 해서 거절당한 외로움을 바로 극복할 수 있는 것은 아니다. 그렇기에 다음 단계는 사람들에게 물어보는 것이다. 물론 그리 쉽지는 않다. 지극히 개인적인 질문을 함으로써 스스로 무방비 상태로 만들어야 하기 때문이다. 하지만 그렇게 함으로써 구체적으로 변화가 필요한 부분이 무엇인지 실마리를 찾을 수 있다. 다른 사람들이 당신에 대해 어떻게 생각하는지 더 정확하게 알고 싶은가? 아래에 제시하는 타인의 평가를 얻기 위한 지침을 보면 도움이 될 것이다.

적절한 평가를 해줄 사람을 찾기. 질문할 대상은 무엇보다 문제를 볼 수 있는 능력이 있어야 한다. 패션에 전혀 관심 없는 친구에게 스타일에 대한 평가를 부탁하는 것은 의미없다. 그런 질문은 항상 감탄할 만큼 멋진 스타일을 자랑하는 친구, 구체적인 조언을 해줄 수 있는 친구에게 해야 할 것이다. 당신에게 얼마나 공감하느냐도 중요하다. 긍정적인 태도를 가진 사람에게 의견을 구해보라. 그렇지 않으면 모진 태도와 악의적인 평가에 상처받을 수 있다. 또한 얼마나 신뢰할 만한 사람인지도 생각해보라. 평가를 요청한 얘기가 나중에 친구들이나 동료들 사이에 퍼지게 되면 매우 치명적이다.

평가를 겸허하게 받아들이기. 나쁜 소식을 들고 오는 사신은 모조리 죽여버린 로마 황제처럼 행동하지 말자. 솔직한 답이 항상 기분좋지는 않다. 그렇다고 불쾌해하거나 공격적으로 반응하면 다시는 참된 대답을 들을 수 없다.

평가로부터 진실을 확인하기. 단순한 평가는 그다지 큰 도움이 되지 못한다. 판단이 어떻게 형성되었는지 알아야 한다. 가령 상대가 "당신은 늘 기분이 나쁜 것 같아요"라고 말하면 그에 대해 좀더 자세하게 물어보라. "그게 어떤 식으로 드러나던가요?" 이런 질문을 통해 당신이 잘 웃지도 않고 인사도 아주 짧게 끝내며 자주 부정적인 표현을 사용한다는 사실을 알 수 있다. 구체적인 평가는 행동을 변화시킬 수 있는 기회를 준다.

말대꾸 없이 듣기. 왜 그런 행동을 하며 어째서 그렇게 되었는지 변명하고 설명할 필요가 없다. 대법원의 재판정에 서 있는 것이 아니라 그저 자신에 대해 더 많이 알고자 하는 것 아닌가? 평가해주는 모든 이들에게 감사하고, 그들의 평가에 대해 겸허하게 생각해보겠다고 하라.

정당한 비판인지 확인해보기. 당신이 들은 내용이 꼭 진실이 아닐 수도 있다. 당신에 대한 판단도 상대방의 주관적인 해석에 의해 좌우되기 쉽다. 누군가 당신이 항상 주목받기를 좋아하는 성격이라고 비판할 때, 어쩌면 그 사람은 은밀한 소망을 당신에게 투사한 것일 수도, 혹은 자신이 부끄러워서 못하는 일을 해낸 당신이 부러워서 그런 말을 한 것일 수도 있다. 또한 주위 환경도 영향을 미친다. 어떤 환경에서는 긍정적으로 받아들여지는 점이 다른 환경에서는 부정적인 것으로 받아들여진다. 가령 화려한 의상실에서 명품 옷을 입고 있는 것은 아주 자연스럽지만, 유치원 학부모 모임에서 그런 복장을 하고 있으면 모두들 의아한 눈초리로 볼 것이다. 예술가들이 모인 장소에서는 괴팍하고 감상적인 태도를 보여도 무리 없지만 은행 관리자로서 그런 행동을 하면 믿기 어렵고 정서적으로 불안한 사람으로 받아들여진다.

지금까지 이야기한 지침과는 별도로 늘 솔직함을 유지하도록 하라. 자신의 목소리를 듣기 바란다. 상대의 평가가 올바른 것인지 아닌지는 심장에서 느껴지는 울림을 통해서 알 수 있다.

그리고, 더 많은 평가를 받기. 다른 사람의 평가를 통해 확실한 결과를 얻지 못했다면 더 많은 평가를 구해보라. 한 사람의 의견은 틀릴 수 있지만 여러 사람이 같은 의견을 보인다면 그것은 간단히 넘길 수 없는 문제다.

사람들의 평가를 분석하고 나면 이제 자신이 왜 고립되었는지 구체적으로 알 수 있을 것이다. 이것을 바탕으로 변화를 꾀할 수 있다. 변화를 위해서는 여러 가지 방법을 동원할 수 있는데 구체적인 문제에 대한 상담서를 읽는 일부터 직접 상담을 받는 방법까지 다양하다. 또한 주위 사람들에게 낡은 습관으로 돌아가지 않도록 조언해줄 것을 부탁하는 방법도 있다. 아무튼 새로운 행동방식을 매일 실천해야 한다. 인내심을 가지고 부지런히 행하다보면 언젠가는 무의식적인 나약함을 극복할 수 있을 것이다.

지금까지 변화를 위해 많은 노력을 해왔음에도 불구하고 아직 최종적인 단계에 다다르지는 못했다. 사실 사람들이 당신을 멀리하는 이유는 개인적 결함 때문만은 아니다. 어떤 경우 당신은 외로움으로 인해 자포자기하는 심정으로 사람들을 대하기도 한다.

외로움에서 시작된 악순환 　　　　　　　　　 ●

얼마 전 가족들과 함께 플뢰너 호수로 휴가를 갔다. 남편과 아들이 배를 타고 노는 동안 호숫가에 앉아 쏟아지는 햇빛을 즐기고 있었다. 그때 완벽한 호남형의 남자가 옆에 앉아 말을 걸었다. 우리는 날씨와 경치에 대해 기분좋은 이야기를 주고받았다. 그 사람은 혼자 여행을 왔다고 했다. 얼마 후 내가 선착장으로 가려고 일어나자 그는 나를 붙잡으며 서둘러 새로운 주제를 꺼냈다. "근데 전 가봐야 해서요. 안녕히 가세요." 내가 작별인사를 건네고 겨우 빠져나오는 데 성공하자 그는 등뒤에 대고 소리쳤다. "나중에 여기서 다시 만나면 좋겠어요!" 옆에 앉은 사람이 누구인지는 그에게 중요하지 않은 것 같았다. 그저 혼자 있고 싶지 않았을 뿐이다. 그리고 바로 그 이유로 인해 그는 사람을 사귈 기회를 놓쳤을 가능성이 높다. 나 역시 그다음부터 그 사람을 보게 되면 얼른 다른 길로 피해갔다. 그 사람이 보여주는 증세는 너무나 확실한 것이었다. 외로움에서 시작된 악순환 말이다. 외롭기 때문에 다른 사람에게 매달리고, 너무 매달리다보니 결국 외톨이가 되는 것이다.

누구도 상대가 관계를 독점하는 것을 좋아하지 않는다. 우리는 모두 자발적으로 관계를 시작하려 하고, 만남에서 결정권을 쥐고 싶어한다. 변명을 지어내거나 초대를 거절하거나 호의를 거부하는 일은 매우 불편하다. 어쩔 수 없이 그래야 하는 경우에는 비겁하거나 무례하거나 잔인한 태도를 보여야 할 수도 있다. 그래서 부정적인 감정을 배출하고 나서는 그 원인이 된 상대방을 비난하거나 회피하기도 한다. 이것은 인간의 보편적인 성향이기도 하다. 우리는 대개 노력해서 얻은 것을 가장 가치 있게 여긴다. 꽃접시에 놓여서 바쳐지는 공물은 종종 별 가치가 없는 것으로 보인다. 이는 사람을 사귀는 일에도 마찬가지로 적용된다. 인간관계에서도 자신을 쫓아다니는 사람보다는 스스로 주도한 인연을 더 소중하게 여기는 것이다.

멀지도 가깝지도 않게, 적당한 거리 유지하기　●

사막에서 목이 타서 죽어가는 사람이 샘물을 찾아 헤매듯이, 외로움은 다른 사람에게 매달리도록 만든다. 그런 상태가 되면 과감하게 멈출 수 있어야 한다. 소통할 수 있는 상대를 발견해 하늘이라도 나는 듯한 기분이겠지만, 그래도 당당하고 진중한 태도를 유지해야 한다. 자신을 조절하는 연습을 하면 더 자연스럽게 소통할 수 있는 기회를 얼마든지 만들 수 있다.

외로움을 불평하지 않기

더이상 달력이 약속으로 빽빽하게 가득찬 것처럼 호들갑을 떨 필요는 없다. 초대받은 곳이 너무 많은 척하지 말라. 외로움을 굳이 숨길 필요도 없다. 하지만 말이란 아 다르고 어 다른 법이다. 자신의 상황을 어떻게 표현하느냐가 중요하다는 의미다. 담담하게 "지금은 좀 외로워. 물론 그리 즐거운 상황은 아니지만 어쩔 수 없지"라고 말하는 것과 모든 사람을 비난하듯이 말하는 것은 완전히 다르다. 원통하거나 절망적이거나 비난 섞인 말투로 고민을 토로하면 호감을 보이던 사람도 모두 도망가기 마련이다.

매달리는 타입을 위한 조언

스스로 이렇게 말해보자. "다른 사람이 나의 구원이 될 수는 없어." 타인은 외로운 시간을 해결해줄 수도, 외로운 날들로부터 나를 구원할 수도 없다. 그 사람은 우연히 만난 타인일 뿐이다. 관계에 더 진전이 있을지 없을지는 나중에 알 수 있을 것이다. 그러므로 차분함을 유지하도록 하라. 당신이 사람들에게 매달리는 타입이라면 다음의 조언이 힘이 될 것이다.

- 상대방의 반응을 의식적으로 관찰하라. 그 사람의 몸짓을 살펴보라. 당신 쪽을 향해 있는가, 아니면 당신으로부터 멀어지고 있는가?
- 작별인사를 할 때 주의깊게 들어야 한다. 가령 상대방이 "흠, 이제 가봐야겠어요"라고 말하면 편하게 받아들이고, 다정한 미소와 함께 작별인사를 하라.

자신감을 유지하기 위해 자기조절을 잘해야 한다. 그렇게 하면 굳이 당신을 피할 이유가 없다. 훌륭한 배우처럼 행동 패턴을 조절하라. 그것만 성공해도 상대방에게 매달리거나 압박을 가하는 것처럼 보이지 않는다. 당신의 행동은 훨씬 더 진정성과 설득력을 얻을 것이다. 설사 누군가를 떠나보낸다 하더라도 그리 큰 상처를 받지 않을 것이다. 혼자서 편안하게 지낼 수 있을 때, 진정한 내면의 자유를 얻을 수 있다.

주의를 안으로 돌리기

도교의 지혜로운 가르침에는 다음과 같은 중요

한 원칙이 있다. "무언가를 없애려면 우선 그것을 진흥시켜야 한다." 뭔가를 없애려고 하거나 최소화하려고 하면 그것에 대한 유혹은 어느 때보다 강렬해진다. 억압된 분노는 부글부글 끓어오르고, 억누른 미움은 영혼을 잠식하고, 은밀한 야망이나 슬픔은 심장을 갉아먹는다. 이것들로부터 자유로워지고 싶다면 감정이나 욕망을 마주할 필요가 있다. 심연으로 내려가 모든 감정들을 다 파헤치고 깨우친 후에야 그 힘을 비로소 약화시킬 수 있다. 외로움도 마찬가지다. 정신없이 바쁜 활동이나 환락으로 그것을 대신하기보다는 의식적으로 외로움을 마주하고 그것이 점점 커지고 분명해지는 것을 바라보기 바란다. 도교의 규칙에 따라 몇 가지를 안내하겠다.

가만히 앉아 있기. TV를 보거나 잡지를 읽거나 전화를 하는 등, 외로움을 달래고자 했던 행동들을 멈춰보자. 생각했던 계획을 실천하기에 앞서 가만히 앉아서 몇 분 동안 편안하게 있어보라. 원한다면 눈을 감아도 좋다.

관찰하기. 조용한 시간에 무슨 일이 일어나는지 관찰해보라. 어느 정도 거리를 두고 자신을 바라보라. 온갖 생각과 느낌을 하나하나 마음속에 덤덤하게 기록해보라. '허무한 느낌이 들어' '지루해' 혹은 '안절부절못하겠어' 같은 생각 말이다. 이를 통해 방어체계의 이면에 무엇이 숨어 있는지를 볼 수 있다. 더 많이 관찰할수록 마음속 '관찰자'는 외로움을 더욱 객관적으로 파악할 수 있으며, 그렇게 함으로써 외로움에 완전히 매몰되지 않을 수 있다. 이것만으로도 매우 든든한 일이다.

적어놓기. 침묵의 시간 동안 마음속에서 일어났던 생각의 핵심 단어를 적어보라. 모든 것을 적어내려가는 일은 커다란 해방감을 줄 것이다. 감정과 생각을 요약하고 정리함으로써, 이후에 얼마나 긍정적인 변화를 이루었는지 확인할 수도 있다. 명상의 시간을 규칙적으로 갖다보면 마음의 눈을 밖에서 안으로 돌리는 일이 얼마나 멋진지 곧 깨닫게 될 것이다. 물론 외로움에서 비롯된 고통을 느낄 수도 있겠지만 곧 회복이 가능하다. 이런 식으로 더이상 외로움을 억누르지 않고 점점 조금씩 내면의 힘으로 변화시키는 것이다. 고대의 이 마음 다스리기 기술은 최근 스트레스와 번아웃에 대한 대응법으로 유행하고 있다.

자신과 재미있게 놀기 •

⋮

　　　　자신과 재미있게 놀 수 있을 때 진정 독립적인 사람이 될 수 있다. 많은 사람들이 혼자가 되면 폐소공포증과 같은 고통을 느낀다. 주변에 아무도 없다는 사실이 공포에 가까운 두려움을 불러오는 것이다. 부분적으로는 성향의 문제다. 내성적인 사람은 외향적인 사람보다는 이런 상황을 더 쉽게 받아들인다. 어떤 성향이든 관계없이 혼자서도 즐겁고 멋진 시간을 보낼 수 있는 방법이 있다. 다음은 그 방법을 모은 짧은 목록이다. 흥미가 가는 항목을 표시해보라.

- ☐ 산책 가기
- ☐ 사진 찍기
- ☐ 악기 연주하기
- ☐ 뭔가를 수집하기
- ☐ 스포츠를 즐기기
- ☐ 언어 배우기
- ☐ 그림 그리기
- ☐ 정원 가꾸기
- ☐ '중세 역사'와 같은
  특별한 분야에 빠져보기

- ☐ 집 안팎에서 일하기
- ☐ 음악 듣기
- ☐ 편지 쓰기
- ☐ 요리하기
- ☐ 목욕하기
- ☐ 뷰티케어를 즐기기
- ☐ 전시회 가기
- ☐ 영화나 연극 보기
- ☐ 서예나 제본 같은
  특별한 기예를 익히기

해보고 싶은 일에 표시했는가? 그렇다면 직접적으로 물어보겠다. "어째서 지금까지는 그 행동들을 하지 않거나, 혹은 아주 드물게 실천했는가?" 대답이 무엇일지는 짐작할 수 있다. 나도 마찬가지이기 때문이다. 우리는 모두 너무 게으르고 편하게 지내려고만 한다. 시작하기만 하면 분명히 즐거움이 따르리라는 사실을 알면서도 그 무엇인가가 우리를 막고 있다. 항상 그에 대한 변명을 하기에 급급하다. 그래서 외로울 때는 다음과 같은 변명을 한다. "그걸 혼자 하는 건 재미가 없잖아요." 그렇다면 시작 단계의 어려움을 극복하기 위한 방법을 찾아보자.

로봇처럼 실천하기

보통 우리는 욕구에 사로잡혀 몸이 저절로 움직일 때까지 기다리는 데 익숙하다. 특정한 활동이 우리를 더 적극적이고 행복하게 만들어줄 것이란 걸 알고 있으면서도 욕구가 일지 않는 한은 꼼짝하지 않으려고 한다. 하지만 그저 기다리기만 하면 아무것도 바뀌지 않는다. 딱히 욕구가 생기지 않아도 행동에 나서야 한다. 얼마 전 심리학자 회의를 통해 현실치료reality therapy를 창시한 윌리엄 글래서William Glasser를 알게 되었다. 글래서는 "우리는 항상 행동에 나설 수 있다!"고 주장했다. 그는 우울증을 앓고 있는 환자들에게 우울증이 지나갈 때까지 기다리기보다는 어떤 활동을 시작함으로써 이를 극복하라고 충고한다.

로봇 같은 방식으로 일단 행동을 개시하자. 무엇을 할지, 또 정확하게 언제 행동에 나설지를 정해놓는 것이다. 계획된 시간에 적절한 지시에 따라 기분에 상관없이 로봇처럼 활동을 수행한다. 예를 들어보자. 일요일 오후 세시에 산책을 가기로 계획했다. 오후 두시 사십오분에 당신은 아직도 TV 앞에 축 늘어져서 재방송되는 드라마를 보고 있다. 산책 나가고 싶은 마음은? 전혀 없다. 그럼에도 불구하고 세시가 되면 로봇처럼 기계적으로 일어나서 옷장으로 간 다음 코트를 꺼내어 입고 주머니에 자동차 열쇠를 넣는다. 걷기 좋은 곳까지 운전한 다음, 내려서 산책하고 다시 집으로 돌아온다. 집에 도착할 때쯤이면 만족스럽고 상쾌한 기분일 것이다. 단순한 행동만으로 자신에게 에너지를 부여한 것이다. 영국 속담처럼 "실천을 하면 동기가 따라온다".

'15분 동안만'

행동심리학은 집에서 실천할 수 있는 여러 방법을 권유한다. 모두 처음 시작하는 단계에서 마주치는 장애를 극복하기 위한 목적이다. 무언가를 시작하게 되면 열정도 따라온다. '식욕은 먹을수록 증가한다'는 말이 괜히 나온 게 아니다. 자, 다음과 같이 작은 연습을 해보자. 일단 뭔가를 시작하고 그것이 정말 싫다면 15분 후에 행동을 중지하는 것이다. 하지만 15분 동안은 무조건 실천해야 한다.

가령 자신을 위해 맛있는 음식 세 가지를 만들겠다고 생각해보자. 혼자 먹기에는 너무 과한 상차림이 될 수도 있다. 그래도 스스로에게 '15분 동안만'이라고 말하고 필요한 재료와 요리기구 등을 준비한다. 15분 후 계속 요리를 할지, 중단하고 냄비를 도로 집어넣을지를 자유롭게 결정하라. 내 경험에 따르면 99퍼센트는 요리를 끝마칠 때까지 계속하는 것을 선택한다.

이처럼 로봇 방식과 15분의 방법을 통해 옆에 누가 없어도 활동적으로 뭔가를 할 수 있다. 이를 통해 정서적 안정과 독립적 카리스마를 얻고, 외로운 시간을 보내면서도 타인과 소통할 수 있다.

은신처 만들기

몇 년이고 집을 은신처로 삼아 생활하는 사람들을 알고 있다. 이들이 사는 집을 둘러보면 심리적으로 기나긴 기다림의 고리에 갇혀 있는 것 같다. 약사인 크리스티나는 오래전에 훨씬 좋은 집을 구할 수 있었음에도 불구하고 아직도 학생용 아파트에 산다. "비싼 집으로 이사했는데 다른 지역에 사는 사람이라도 만나게 되면 어떡해요? 그럼 고생한 보람이 없어져버리잖아요?" 36세의 재정자문가 랄프의 부엌은 캠핑장을 방불케 한다. 부엌 선반 위에는 플라스틱 접시가 쌓여 있다. 그는 말한다. "혼자 사는데 도자기며 크리스털 그릇이 왜 필요하겠어요?" 그의 서재는 방금 태풍이 휩쓸고 간 것처럼 처참하다. "뭐 아무도 안 보는데 어때요." 랄프는 덤덤하게 말했다.

당신은 편안하게 지낼 수 있는 환경을 제공받을 가치가 있는 존재다. 지금도 어정쩡한 상태에서 살고 있다면, 단지 혼자 살고 있다는 이유로 가질 수 없었던 것이 무엇인지 생각해보라. 편안한 더블 침대? 새 카펫이 깔린 바닥? 미술 작품? 스스로에게 사치를 허락하라. 공책과 연필을 들고 집안을 돌아다니며 삶을 더 쾌적하고 멋지게 만들어줄 것이 무엇인지 한번 찾아보라. 혹시 혼자서 아이를 키우는 사람이라면 레고 블록이 굴러다니지 않는 노키즈존을 만들어서 자신만의 공간으로 삼아보자. 만약 당신이 인테리어에 전혀 소질이 없는 타입이라면 친구들에게 조언을 구해보라. 이렇게 함으로써 안전함과 따뜻함, 그리고 아름다움이라고는 찾아볼 수 없는 집을 탈바꿈시킬 수 있다. 그리고 비로소 집에서 진정으로 즐겁게 생활할 수 있다.

성공적인 재고 조사　　　　　　　　•

⋮

　　　　　　　이제 우리는 '일반적 재고 조사'의 마무리 단계에 와 있다. 이제 무엇이 잘못되었고 무엇 때문에 외로운지 그 답을 알아낼 수 있을 것이다. 답을 찾았으니 자신을 변화시키기 위해 노력하고 혼자 있을 때조차 행복해지려고 애쓸 수 있다. 이 정도만 하더라도 대부분의 사람들보다 훨씬 더 많은 준비가 된 셈이니 스스로 자랑스러워해도 좋다.

　이제 다른 사람과 성공적으로 관계를 맺기 위한 기초는 만들어졌다. 하지만 더 중요한 것은 그 과정에서 든든하고 영구적인 내면의 자산을 마련했다는 것이다. 그 자산은 더이상 외롭지 않을 때조차 힘이 되어줄 것이다. 그때의 상황에 필요한 힘 말이다.

10장

멀지도,
가깝지도 않게

인연을 만드는 기술

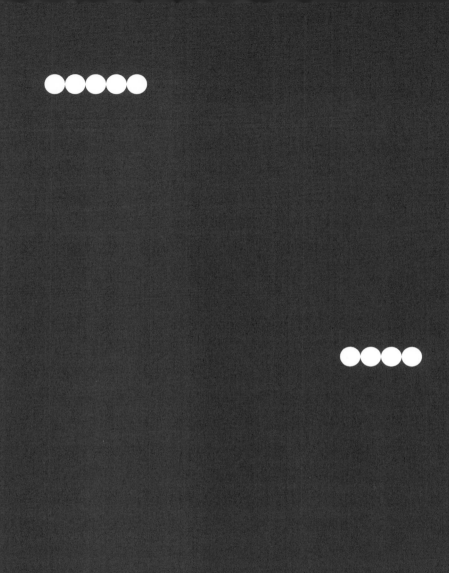

●　　　　　　테니스 토너먼트를 보면 분명히 알 수 있다. 경기 기술만 뛰어난 선수보다는 자신감까지 갖춘 선수가 결국 승리한다는 사실을 말이다. 최고의 선수들은 대부분 경기 기술뿐 아니라 정신적인 훈련까지 책임지는 코치를 두고 있다. 위기의 순간에 침착함을 잃지 않고, 자신의 능력을 믿고 경기에 임하는 방법을 배운다.

좋은 인연을 만난다는 것은 상대와 멋진 경기를 치르는 일과 같다. 상대에게 좋은 인상을 남기고 싶다면 기술 연마를 넘어 자신감 있는 태도를 키워야 한다. 경기를 시작하기 전에 정신적으로 준비하는 것과 비슷하다.

모든 인연에는 위험 요소가 있다　　　　　•

•
•
•

어떤 파티에 초대되었는데 아는 사람이 주인밖에 없다고 가정해보자. 혹은 절실하게 바라는 일자리를 얻기 위한 아주 중요한 인터뷰를 앞두고 있거나, 마음이 가는 상대를 만났는데 같이 커피 한잔 마시고 싶다고 하자. 어떤 기분이 드는가? 분명 상당히 초조한 상태일 것이다. 물론 너무도 정상적인 반응이다. 모든 것이 낯선 상황에서 낯선 사람을 대하는 상황은 위험 요소를 내포하고 있다. 그 사람(들)이 나를 거부하거나 비웃거나 짜증내거나 지루해하거나 건성으로 대하거나 매력을 느끼지 못할 수 있다. 이런 반응들이 두려움을 가져온다. 단지 내성적인 사람들뿐 아니라 대인관계에 능숙한 사람들도 겪는 일이다.

누구나 알지 못하는 상황에서는 불안함을 느낀다. 청중 앞에 100번도 넘게 서본 사회자라면 아마도 무대공포증이 거의 없을 것이다. 아무런 준비 없이도 곧바로 대화를 시작할 수 있을 정도로 충분한 경험을 쌓았기 때문이다. 하지만 그 사회자가 처음으로 심리치료사와 상담하러 간 자리에서는 심장이 몹시 뛸 것이다. 그런 식의 만남은 처음이기 때문이다. 이처럼 모든 새로운 만남은 두려움을 내포한다는 사실을 충분히 알 수 있다. 이것은 우리 모두에게 해당된다. 여기서 문제는 그 두려움을 어떻게 없앨 것인가다. 보편적인 전략은 이렇다. '일단 자신감을 쌓기 위해 노력해서 자신감을 얻고 나면 나도 흥미가 생기는 사람에게 편하게 말을 걸 수 있을 거야.' 즉 일단 두려움이나 부끄러움 혹은 수줍음을 없애고 나서 다른 사람과 소통하는 것이 좋다고 믿는다.

하지만 그것은 잘못된 생각이며 진실은 정반대다. 두려워하던 일을 해치우고 났을 때에야 비로소 자신감을 얻을 수 있다. 예상했던 난리법석이 전혀 발생하지 않았을 때, 혹은 문제없이 어떤 상황을 극복했을 때 두려움은 수그러들기 마련이다. "나를 죽이지 못하는 것은 나를 강하게 만든다." 프리드리히 니체는 누구보다 그 사실을 잘 알았다. 이 같은 방법은 자주 사용하면 할수록 더 확실해진다. 처음 강의를 하러 간 날 나는 너무 흥분해서 구토를 할 지경이었다. 강의실에 앉은 모든 사람들이 내 손이 떨리는 것을 눈치챌까 봐 겁도 났다. 강단에 서서 심장박동이 정상으로 돌아올 때까지 자료를 뒤적이며 시간을 벌었다. 강의를 시작한 다음 종종 말을 멈추고 침착하게 청중들 한 명 한 명을 바라보았는데, 그 순간 비로소 내가 정한 주제에 대해 많은 사람들 앞에서 강의할 수 있다는 사실이 행복하게 느껴졌다.

뉴욕에 사는 동료 수전 제퍼스는 두려움을 잊기 위한 멋진 레시피를 발명했다. "두려움을 느끼더라도 상관하지 말고 행동하라." 안전한 방안에 들어앉아 수줍음이 증발되기를 기다려봤자 소용없다. 일단 다른 사람과 얘기하는 것부터 시도하라. 물론 먼저 마음의 준비를 하는 것이 좋겠다.

자신을 받아들이기

부끄러움의 원인은 기본적으로 '난 그렇게 멋지지 않아'라는 한 마디로 요약할 수 있다. 마음에 드는 사람에게 다가갈 때면 곧바로 내면의 부정적 목소리가 속삭인다. "넌 제대로 옷을 차려입지도 않았잖아!" "멍청한 소리라도 하면 끝장이야!" "저렇게 멋진 사람에 비해선 넌 너무 초라해!" "네가 하는 말은 죄다 재미없어." "그냥 입을 다물고 있는 게 좋을 거야. 이 주제에 대해선 어차피 아는 것도 없잖아." "넌 이 사람들과는 어울리지 않아." "그만해. 넌 지금 남의 일에 간섭하고 있는 거야."

부정적 목소리는 끊임없이 종알대고, 우리를 움츠러들게 만든다. 그러므로 조금씩 그 목소리를 약화시키는 수밖에 없다. 필요하다면 다음과 같은 간결한 말로 부정적 목소리를 잠재우라. "그래, 나는 불완전한 존재일지 몰라. 그래도 괜찮아." 비록 완벽하지는 않을지라도 자신이 괜찮은 사람이라는 사실을 스스로 깨달아야 한다. 조용한 성격을 있는 그대로 받아들이자. 파티광이나 엔터테이너가 되기 위해 스스로를 고문할 필요가 없다. 장기간의 연구를 통해 성격은 타고나는 부분이 많으며 바꾸기 쉽지 않다는 사실이 알려졌다. 하지만 타고난 천성을 최선의 방식으로 활용하는 것도 가능하다. 뛰어난 화술이 없다면 대신 멋진 경청자가 될 수 있다. 위트 넘치는 대화를 이끌어가기는 어려울지 몰라도 간혹 재치 있는 표현으로 개성을 보여줄 수 있다. 하버드 대학교 법학교수 수전 케인은 저서 『콰이어트Quiet』에서 모든 과묵한 사람을 옹호하고 그들이 가지고 있는 특별한 장점을 과학적 근거를 들어 설명한다.

자신을 너무 중요하게 여기지 말라

당혹해하는 반응은 충분히 예상할 수 있다. 이제까지 자신에 대해 주의를 기울이고 감정을 진지하게 살펴보는 일이 얼마나 중요한지 거듭 얘기해놓고, 이제 와서 완전히 정반대 이야기를 하다니 말이다.

맞다. 비록 모순점이 있을지라도 이 같은 요청은 특정 부분에 있어서는 필요하다. 다른 사람과 얘기하는 데 부끄러움과 두려움을 느낀다면 진정한 의미에서 자기중심적인 사람이라고 할 수 있다. 즉 스스로가 인식의 중심에 놓여 있는 것이다. 어쩌면 망신당할 수도 있다는 생각, 혹은 상대가 나를 하찮게 여길 수도 있다는 생각 말이다. 당신은 거절을 끔찍하게 수치스러운 일로 여긴다. 하지만 사실 상대방은 나를 그렇게 중요하게 여기지 않는다. 사람이 가득찬 레스토랑을 걸어간다고 해서 모든 손님들이 호기심에 차서 나를 쳐다보는 것은 아니다. 또 뭔가를 잘 모른다고 해서 세상이 끝장나는 것은 아니다. 내 턱에 뾰루지가 났다고 해서, 또 어떤 일에 대한 정보를 전달받지 못했다고 해서 그걸 나만큼이나 심각하게 여기는 사람은 아무도 없다. 우리 모두는 지나치게 자기 자신에게 사로잡혀 있다. 우리가 무엇을 하든 말든 다른 사람들은 그리

관심이 없다는 사실을 깨닫고 나면 훨씬 느긋하게 대응할 수 있다. 모든 사람들의 시선이 나에게 향하는 듯한 불편한 상황에서 긴장된다면 스스로 이렇게 말해보라. "난 그리 중요한 사람이 아니야." "이건 나와는 상관없는 문제야."

이제 한층 강해진 확신을 품고 다가올 인연을 훨씬 여유 있게 준비하라. 마음을 얻는 기본적인 규칙을 알고 있다면 관계를 훨씬 더 확실하게 이끌어갈 수 있다.

개방형 질문 vs 폐쇄형 질문　　　　　●

존 듀이는 인간 본성에서 가장 강한 한 부분이 중요한 존재로 인정받고 싶은 욕망이라고 보았다. 확실히 그의 말이 맞다. 기계의 하찮은 부품으로, 그저 하나의 숫자로 남고 싶어 하는 사람은 아무도 없다. 우리는 모두 다른 사람으로부터 인정받고 인식되며, 칭찬과 사랑을 받고 싶어한다. 그럴 때 우리는 비로소 떠오르는 태양 아래의 꽃봉우리처럼 피어오른다. 그리고 자신을 그렇게 만들어준 사람에게 전적으로 마음을 열게 된다.

다른 사람에게 집중할 때, 그의 매력이나 지성 혹은 개성과 같은 긍정적 성격이 무의식적으로 전파된다. 상대에게 질문을 던짐으로써 흥미를 표현해보자. 이런 방식으로 상대방에 대해 궁금해한다는 사실을 자연스럽게 보여주는 것이다. 대화 상대가 자신의 얘기를 많이 할 수 있도록 자극하라. 그렇다고 심문관이나 퀴즈쇼의 사회자처럼 꼬치꼬치 캐물으면 곤란하다. 심문당하고 싶은 사람은 아무도 없다. 제대로 대화하기 위해서는 질문을 올바르게 해야 한다. 질문에는 두 가지 종류가 있다는 사실을 파악할 필요가 있다.

폐쇄형 질문이란 짧은 단답형의 대답을 필요로 하는 질문이다. "음식맛이 어때요?" "네. 괜찮네요. 감사해요." 그게 다다. 혹시라도 "특히 이 샐러드는 예술인데요"라고 덧붙이면 그건 기대하는 대답을 넘어서 군더더기가 되기 쉽다. 그저 "좋아요" 혹은 "괜찮아요"라는 대답만으로도 충분한 것이다. 폐쇄형 질문은 "누가" "언제" "어디서" "무엇을" "얼마나 오래" "얼마나 자주" 혹은 "당신은 그렇게 생각해요?"와 같은 말로 시작된다. 이러한 질문들은 한 단어나 한 문장으로 답할 수 있기 때문에 대개 객관적 정보를 위한 질문으로 적합하며 그것으로 대화는 끝나기 쉽다.

개방형 질문은 실질적으로 훨씬 많은 여지를 가지고 있다. 대화 상대가 질문에 대해 조금 더 길게 설명하거나 묘사하게 된다. 개방형 질문은 "왜?" "어떻게?" "무슨 이유로?" "어떤 방법으로?" 등이 있는데, 이런 질문은 대화를 시작하고 유지하기에 적절할 뿐 아니라 당신이 흥미를 보인다는 사실을 분명히 드러내준다. 개방형 질문의 예로는 "근데 당신은 어떻게 점성학에 관심을 갖게 되셨나요?" 혹은 "왜 뮌헨에서 함부르크로 이사했어요?" 등이 있다.

너그러워질 것

최근 달력에서 "나누면 두 배가 되는 것은 기쁨 밖에 없다"라는 구절을 읽었다. 하지만 그것이 유일한 진실은 아니다. 사랑과 미소, 도움을 주는 손길, 다독여주고 이해하며 시간과 정성을 바치는 일 등, 이 모든 것들이 나누면 두 배가 된다. 그러므로 받기를 원한다면 그전에 너그러이 베풀 줄 알아야 한다. 관계의 법칙에서 알아야 할 중요한 지침은 정확히 준 만큼 돌려받는다는 것이다. 예수는 "네가 사람들에게서 원하는 것이 있다면 먼저 그들에게 베풀도록 하라"라고 언덕 위에서 설교했다. "숲에서 소리를 지르면 결국 메아리로 돌아온다"라는 속담도 있다. 사람들을 다정하게 대하면 그들도 다정하게 대할 것이며, 친절하게 대하면 그들도 따뜻한 가슴으로 대할 것이다. 또 내가 사람들에게 흥미를 보이면 그들도 나에 대해 흥미를 보일 것이다.

그렇다고 내가 베푼 친절에 대해 모든 사람들이 즉각적으로 고마운 마음을 가지고 대한다는 의미는 아니다. 어떤 사람은 받는 것을 당연히 여긴다. 그렇다고 너무 상심하지 말라. 지식과 긍정적인 태도 혹은 물질적으로 가진 것 등을 너그럽게 나누어줌으로써 다른 사람들에게 충만한 느낌을 갖게 만들어준다. 대부분은 감사해하며 받은 것을 되돌려준다. 너그러운 사람은 주위에 사람이 없다고 불평하는 경우가 거의 없다.

대화에 서툰 사람을 위한 조언

누군가가 눈을 마주치지도 않고 건성으로 악수하면서 냉랭한 목소리로 "만나서 반가워요"라고 한다고 치자. 그 사람을 믿을 수 있겠는가? 아마 아닐 것이다. 행동심리학자들은 보디랭귀지가 말보다 더 확실한 의미를 전달하는 경우가 많다는 사실을 발견했다. 이것은 사람을 사귀고 싶은 당신이 중요하게 여겨야 할 부분이다. 보디랭귀지를 익히는 데는 그리 많은 지식도 필요 없다. 그저 동작과 자세의 규칙만 알면 된다. 열려 있는 동작은 긍정적인 신호이며 닫힌 동작은 반대를 의미한다. 체크리스트를 통해 당신이 원하는 동작을 확인해보라.

열린 동작

- 손이 편안하게 허벅지나 팔걸이에 놓여 있다.
- 약간의 손짓을 하며 손바닥이 잘 보이도록 한다.
- 다리를 나란히 벌려 앉거나 서 있다.
- 상반신 앞쪽이 자유롭고 열린 상태다.
- 고개를 들고 있다.

닫힌 동작

- 손깍지를 끼고 있다.

- 팔짱을 끼고 소위 '팔 장벽'을 만든다.
- 다리를 자꾸 의자 다리에 걸친다.
- 한쪽 다리를 다른 무릎에 걸쳐서 올려놓는다(다리 장벽).
- 상반신 앞쪽을 파일이나 가방 따위로 가린다.
- 고개를 숙이고 있다.

몸짓 외에도 시선이나 얼굴 표정, 그리고 목소리도 사람과 접촉하는 데 있어서 중요한 부분이다.

- **시선을 고정시키기 :** 대화 상대의 눈을 들여다보는 것은 진정성과 흥미를 표현하는 방법이다. 부끄러움을 많이 타는 성격이라서 눈을 쳐다보기가 힘들다면 상대의 눈썹 사이를 바라보는 것도 괜찮다. 아무도 그걸 눈치채지 못할 것이고, 눈을 직접 쳐다보는 것보다는 훨씬 스트레스가 덜할 것이다.
- **웃음 :** 특히 대화의 초기에는 웃음이 얼음을 녹이는 역할을 한다. 하지만 아무때나 웃음을 짓는 것은 역효과를 가져올 수 있다. 이는 불확실함과 인위적인 느낌만을 더해줄 뿐이다. 의미 있는 순간에만 웃음을 보이자.

목소리가 상쾌하게 들리도록 하라
목소리가 어떻게 들리는지 스스로 파악하기는 어려우니 잘 알고 지내는 친구에게 평가를 구하는 게 좋다. "내 목소리가 어떻게 들리니?" 만약 부정적인 답변을 들으면 언급된 결함에 더욱 주의를 기울임으로써 변화를 꾀하도록 하라. 너무 느리게 말한다거나 너무 빠르게 혹은 큰 소리로 말한다거나, 날카로운 목소리 혹은 낮은 목소리로 말하는 버릇이 있다 하더라도 대부분은 연습을 통해서 고칠 수 있다. 큰 소리로 책을 읽거나 리듬감 있게 읽는 연습을 하는 것도 많은 도움이 된다. 좀더 까다로운 경우라면 언어교정 전문가에게 훈련을 받아보는 것도 괜찮다.

잡담의 기술

잡담이란 가벼운 방식으로 소통하는 것을 말한다. 진지한 성격의 사람에겐 지나치게 피상적인 대화방식으로 여겨질 수도 있겠지만 나름의 의미가 있다. 부담 없이 상대에 대해 알아갈 수 있으며 서로 주파수가 맞는지 아닌지 혹은 앞으로의 관계를 진전시킬 수 있을지 없을지에 대해 확인할 수 있다.

대부분 사람들은 대화를 시작하는 것을 즐겁게 여긴다. 하지만 간혹 무뚝뚝하거나 오만하며 단조롭고 호기심이라곤 전혀 없는 사람도 있다. 그런 상대에게 굳이 불안함을 느낄 필요는 없다. 상처받거나 거절당한 느낌에 사로잡히지 말고 다음과 같이 스스로에게 말해보라. "이건 내 문제가 아니라 그 사람의 문제일 뿐이야." "그렇게 예의가 없다니 참 딱한 사람일세." 이런 경우엔 굳이 인연을 맺어야 할 가치가 없다고 볼 수 있다. 나를 제대로 받아들이는 사람으로 대화 상대를 바꾸는 편이 낫다. 잡담이 부드럽게 흘러가도록 하려면 다음과 같은 증명된 방법을 활용해보라.

불편하지 않은 주제를 택하기. 잡담의 주제는 일반적이며 즐거운 내용이어야 한다. 예를 들어 여행지나 취미, 최근 영화나 베스트셀러, 레스토랑 등에 관한 내용 말이다. 처음 알게 된 사이에 시작하지 말아야 할 대화는 병이나 섹스, 돈과 가족의 비밀, 심각한 약점이나 실수 등에 관한 것들이다. 정치나 종교 이야기도 피해야 할 주제다.

긍정적으로 이야기하기. 물론 다음과 같이 대화를 시작할 수는 있다. "아휴, 오늘은 날씨가 얼마나 구질구질한지…… 비가 내리니 마음도 덩달아 우울해지네요." "기차가 또 연착되었네요. 도대체 제대로 되는 일이 없다니까요." 상대방은 내 말에 수긍하고 몇 마디가 오가겠지만 그게 다다. 부정적인 표현으로 인해 당신을 비관적인 사람으로 여길 가능성이 높으므로 상대방은 대화를 지속하고 싶은 마음이 크지 않을 것이다. 낙천적이고 긍정적인 면을 보여주는 것이 당신을 훨씬 매력적으로 보이게 한다. "일하기에 좋은 날씨군요! 비가 오니 다른 할 일이 없잖아요." 대부분은 희망을 주고 분위기를 띄워주는 사람과 얘기를 나누고 싶어한다.

비슷한 성격 발견하기. 위트 있고 깊이 있으며 엄청나게 지적인 사람으로 보일 필요는 없다. 이 같은 태도는 상대방도 깊이 있는 답변을 해야 할 것 같은 부담감을 주기 때문에 오히려 상황을 악화시킨다. 서로 부담 없이 공감할 수 있는 주제를 찾아내는 것이 중요하다. 만약 상대에 대해 아는 것이 아무것도 없다면 그 순간 나눌 수 있는 이야깃거리를 찾아내보자. 장소("시내가 내려다보이는 경치가 정말 근사하군요. 그렇지 않나요?")나 특별한 일정("배 위에서 회사 야유회를 하다니 정말 멋진 생각이네요")과 같이 다른 사람과 항상 나눌 수 있는 대화 주제가 있다면, 그것은 날씨에 대한 것이다. 너무 시시한가? 걱정 말라. 일단 시작해보면 그런 가벼운 주제도 나쁘지 않다는 사실을 알게 될 것이다.

귀기울여 듣기. 대화 상대에게 온통 관심을 기울여야 한다. 두리번거리지 말고 상대방의 눈을 바라보며 이야기하라. 당신이 흥미로워한다는 것을 보여주라. 상대의 이야기를 정말로 귀기울여 듣고 있는지는 놀라움이나 신기해하는 표정을 통해서 드러난다. 대화 상대를 북돋우기 위해서는 추임새를 넣거나 고개를 끄덕이거나 관심을 표하는 질문("근데 카프리는 언제 여행하는 게 가장 좋을까요?")을 한다.

칭찬하기. 누구나 자기에 관해서 좋은 소리를 듣고 싶어한다. 하지만 칭찬에는 진심이 담겨 있어야 한다. 그렇지 않으면 싸구려 아부처럼 들릴 수 있다. 대화의 초반에 진정으로 감탄을 표할 만한 이야깃거리를 찾아보라. 상대방의 옷차림이나 헤어스타일, 걸

치고 있는 보석이나 상대가 이룬 성과 등이 그에 속한다. 공개적
으로 언급하는 것도 좋은 방법인데 가령 다음과 같이 말해보라.
"당신의 귀걸이가 어찌나 멋진지 계속 보게 되네요." "최근에 프로
젝트를 성공적으로 마쳤다는 얘기를 들었어요. 축하해요!" 칭찬은
상대방이 좀더 활기차게 당신과 얘기하도록 만들어준다.

친절을 베풀기. 대화의 기회는 대부분 일상적인 상황에서 생긴
다. 예를 들어 뷔페에서 와인병이나 커피포트를 집는 순간 옆자리
사람도 같은 것을 원한다는 사실을 발견한다. 그럴 때 친절하게
미소 지으며 말해보라. "한잔 따라드릴까요?" 그리고 몇 마디 개
인적 의견을 곁들여본다. "전 화이트 와인을 좋아해요"라거나 "지
금이 딱 커피를 마실 때이지요"라는 식으로 정중하게 관심을 표하
면, 대부분 좋은 반응을 보이며 계속 대화를 유지해나갈 수 있다.

도움을 청하기. 우리는 도움이 필요한 사람에 대해서는 공감할
준비가 되어 있다. 그 이유는 분명하다. 도움을 베풂으로써 멋진
모습을 보여주고 이상적인 이미지를 충족시킬 수 있기 때문이다.
어떤 정보를 구하거나 이해가 안 되는 뭔가에 대한 설명을 청할 수
있는 순간을 활용해보라. "혹시 근사한 아침식사를 할 수 있는 곳
이 어딘지 아세요?" "이 예쁜 냅킨들은 어디서 사셨어요?"

심도 깊은 대화를 나누기

잡담을 통해서 상대가 자신과 공감대가 많은 사람이라는 것을

알게 되면 더이상 얄팍한 주제에만 머물고 싶지 않다. 그러므로 다음 단계는 개인적인 부분까지 포함해 더 깊은 대화를 나누는 일이다. "저는 매년 봄 팔츠에 있는, 화이트 와인으로 유명한 양조장으로 가서 와인을 산답니다"라는 식의 대화를 할 수 있다. 그러면 상대는 나름의 방식으로 응수할 것이다. "오! 정말 팔츠로 가세요? 저도 항상 거기에 가보고 싶었어요. 거긴 어디가 특히 좋은가요?" 이런 식으로 상대와 가까워질 수 있다. 그러다보면 누가 알겠는가? 상대와 전화번호나 주소를 주고받을 만큼 친해질 수도 있다.

대화를 유지하기

이제 리본은 묶였고 다음에도 연락하기로 서로 느슨하게 동의한 상태다. 이제는 누가 연락을 계속할 것인가의 문제가 남는다. 종종 사람들이 이런 얘기를 하는 것을 듣는다. "어째서 항상 내가 해야 해? 그 사람이 먼저 연락할 수도 있잖아!" 당연한 이야기다. 하지만 나는 약간 다르게 본다. 다른 사람에게 책임을 전가하기보다는 자신이 먼저 첫걸음을 떼는 것이 좋다고 생각한다. 상대방의 침묵이 자동적으로 거절을 의미하는 것은 아니기 때문에 특히 그러하다. 일 때문에 아주 바쁜 사람이거나 어린아이를 돌봐야 하는 엄마의 경우 먼저 연락할 에너지가 없는 경우가 대부분이다. 일상의 스트레스로 인해 생각을 행동으로 옮기기 어려운 것이다. 또한 이미 친구가 많은 사람은 새롭게 만남을 갖고자 하는 열의가 그리 크지 않기 때문에 소극적인 태도를 보일 수 있다. 이런 경우 내가 먼저 연락하는 편이 낫다.

이제 관계를 지속하는 일은 당신에게 맡겨졌다. 이는 분명히 가치 있는 일이다. 한쪽에서 인내심을 가지고 시도한 관계지만 결국에는 아주 깊은 친분과 인연으로 맺어진 예도 많다. 하지만 상대가 만나자는 요청을 별다른 이유 없이 여러 번 거절할 때는 나에게 별 흥미가 없다는 의미로 받아들여야 한다.

목적을 구체화하기 ●

물뿌리개로 물을 뿌리듯 만나는 모든 사람에게 골고루 배려나 주의를 기울일 수도 있다. 하지만 그것은 너무도 피곤한 일이다. 스스로에게 이런 질문을 해보길 바란다. '나는 왜 다른 사람을 사귀고 싶어하는가?' 이때 '그냥 더이상 외로움에 시달리기 싫어서'라는 두루뭉술한 대답으로는 충분하지 않다. 자신이 어떤 관계를 맺고 싶은지, 또 어디서 어떤 방식의 관계를 찾아서 유지하고 싶은지를 좀더 명료하게 파악할 필요가 있다. 목적을 보다 구체화하고 싶다면 어떤 사람과 어떤 목적으로 관계를 맺고 싶은지 다음의 예처럼 자세히 적어보기 바란다.

니나, 마흔두 살, 프리랜서 언론인, 이혼녀, 열두 살짜리 딸이 있음.

- 기자실에서 만난 두 명의 여성 기자. 그들은 무척 자신감에 차 보였고 유능해 보였다.
- 나와 같이 스포츠를 즐길 수 있고 내가 게으름에 빠져 있을 때 자극을 줄 수 있는 사람.
- 가끔씩 대화를 나눌 수 있는, 유디스와 같은 반 친구의 부모님.
- 파티에 나를 초대해줄 몇몇 가족.
- 내 모든 것을 털어놓을 수 있는 고운 마음씨를 가진 친구.
- 내년에 미국에 갈 때 만날 펜팔 친구. 뉴욕이나 캘리포니아 사람이라면 최고.

로빈, 서른네 살, 물리학자, 미혼, 다음과 같은 인연을 원함.

- 늘 혼자 컴퓨터로 체스게임을 하는 데 지쳤으므로 함께 게임을 할 수 있는 사람.
- 나와 함께 모터보트 운전면허증을 딸 사람.
- 가끔 저녁에 맥주 한잔 같이할 친구.
- 세금과 관련해서 좋은 조언을 해줄 수 있는 사람.

무엇을 원하는지 파악하기만 하면 그것을 얻기 위해 행동에 나설 수 있다. 니나는 다음번 학부모 회의에서 호감 가는 엄마 옆에 앉아 얘기를 시작할 수 있다. 또 헬스클럽을 알아보고 친구에게 같이 다니자고 권유할 수 있다. 로빈의 경우라면 지역 수상스포츠협회 게시판에 운전면허증을 같이 딸 친구를 구한다는 공고를 낼 수 있다. 또 사는 곳 가까이에 체스 카페가 있는지 검색해볼 수도 있다.

비슷한 관심사를 가진 커뮤니티 찾기

취향이 같은 사람을 찾는 것은 요즘 같은 인터넷 시대에 상당히 쉬운 일이다. 구글 검색창에 적절한 단어를 넣기만 하면 당신이 살고 있는 지역에 있는 동호회의 주소나 프로그램이 나온다. 모든 냄비마다 그에 맞는 뚜껑이 있듯이 당신에게 맞는 모임을 찾을 수 있을 것이다. 나는 검색을 하던 도중 '고슴도치를 보호하는 모임'이나 '트레일러 여행 동호회' 같은 신기하고 이국적인 모임도 알게 되었다. 또한 이벤트 잡지나 지역 관련 잡지도 필요한 정보를 담고 있다. 요리나 노래, 춤이나 외국어 배우기 동호회, 오토바이 동호회나 콘서트 애호가들의 모임, 아마추어 연극 동호회나 사진 동호회도 쉽게 볼 수 있다.

동호회를 통해 관심사가 같은 사람들을 어렵지 않게 만날 수 있다. 일본 서예에 관심을 가진 사람은 아마도 아이스하키를 열정적으로 좋아하는 사람과는 라이프스타일이 다를 것이다. 클럽이나 동호회 활동을 좋아하지 않는다 하더라도 인연의 반경을 넓히기 위해서는 그 기회를 활용하는 것이 도움이 된다. 내 경험에 따르면 모든 모임에 적어도 한 사람 정도는 마음이 맞고 관심이 가는 사람이 있기 마련이다. 서른네 살의 연구원 스테파니는 프라이부르크 대학교에 일자리를 얻게 되었다. 하지만 그곳에는 아는 사람이 아무도 없었고 동료들도 그녀를 폐쇄적으로 대했다. 여가가 생기면 스테파니는 스케치 재료를 들고 여기저기 쏘다녔다. 무척 즐겁기는 했지만 한편으로는 외롭기도 했다. 그래서 스테파니는 머그잔을 여러 각도에서 스케치하는 것을 별로 좋아하지 않으면서도 결국 데생 취미반에 등록했다. 그곳에서 스테파니는 미술학도인 로라를 만났다. 두 사람은 친해져서 곧 같이 스케치를 하러 다니게 되었다.

아직 특별한 관심사가 없다면 재미있을 것 같은 동호회를 선택해서 여러 경험을 해보는 것도 좋다. 하지만 그저 인맥을 만들기 위해서만 동호회를 선택하면 매우 치명적일 수도 있다. 골프클럽이나 문화클럽 활동 등을 지루하게 여기면서도 가입하면 반드시 실망이 따른다. 자신이 가입한 동호회의 활동에 관심을 가져야만 한다. 그러면 특별히 좋아하는 사람이 없더라도 분명 얻는 것이 있을 것이다. 나중에 실망하지 않으려면 가입하기 전에 그 단체의 속성에 대해 어느 정도 알아둘 필요가 있다. 이미 생긴 지 오래된 동호회 같은 경우 보통 신입회원을 처음부터 두 팔 벌려 환영하지 않는다. 그동안 형성된 구조와 위계질서로 인해 새로 가입한 사람이 단체에 적응해야만 하는 경우가 많다. 회원수가 감소하고 있다거나 하는 특별한 사정이 있지 않은 한 누구도 당신 앞에 레드카펫을 깔

아주지는 않는다. 오히려 처음에는 눈에 띄지 않게 행동하는 것이 당연하게 여겨진다. 사실 초반에는 사람들을 관찰하면서 조신하게 행동하는 것이 좋다.

단체에서 인정받는 가장 좋은 방법은 스스로 적극적인 활동을 하는 것이다. 동호회의 파티에서 맥주 따르는 일을 지원하거나 아무도 원하지 않는 명예직을 수행해보자. 정기적으로 회의에 참여하고 아낌없이 도움을 베푼다면 곧 단체에서 인정받는 회원이 될 것이다.

자신감을 지키기 •

적합한 태도로 중요한 규칙을 준수한다면 분명 멋진 인맥을 얻을 수 있다. 하지만 다음과 같은 사항에 대해서는 미리 준비할 필요가 있다. 아무리 완벽하게 기술을 익혔더라도 항상 성공하는 것은 아니다. 최고의 선수라도 경기에서 질 때가 있다. 그것이 인생이다. 거부당하더라도 지나치게 상처받지 말고 가볍게 받아들이도록 하자. 거부당한다 해도 그것은 개인적인 능력이나 인간으로서 가치와는 전혀 상관이 없다. 그저 상대의 취향이나 그날의 기분에 따른 것일 수 있다. 손뼉도 손바닥이 마주쳐야 소리가 나는 법이다. 무슨 이유에서든 한쪽에서 거부한다면 손뼉을 칠 수 없다.

누구와도 인연이 닿지 않는다고 해도, 당신이 부족한 탓이 아니라는 증거로 삼을 만한 경험을 얼마 전 우연히 했다. 각각 다른 장소에서 비슷한 상황을 경험할 수 있는 기회를 얻게 된 것이다. 첫번째는 함부르크 영화제 개막식에 초대되었을 때였다. 뷔페도 훌륭했고 언론계의 수많은 명사들이 손님으로 초대받아 와 있었다. 누구든 흥미로운 사람들을 잔뜩 만날 수 있는 훌륭한 기회라고 생각할 것이다. 하지만 난 운이 없었다. 그곳 사람들은 아는 사람들하고만 이야기를 나누었다. 간간이 누군가와 잡담을 해보려고 시도했지만 상대방의 소극적인 태도로 인해 실패했다. 그렇지만 적어도 음식은 괜찮았다. 두번째는 몇 주 후 쾰른에서 열린 영화제 시상식 후 파티였다. 그곳에 참석한 손님들도 자리가 자리인 만큼 함부르크 때와 비슷한 구성원이었다. 대부분 샴페인이나 쾰슈를 손에 들고 서 있었다. 수상자를 제외하고는 아는 사람이 없었지만, 대화를 나누는 데는 아무런 문제가 없었고 작은 주머니는 곧 명함으로 가득찼다.

의지력의 문제라고? 그것만은 아니라고 본다. 다른 사람에게 얼마만큼의 관심을 기울이는가의 문제일 것이다. 대화를 청하는 사람을 거절하는 상대가 오히려 불쌍한 것이다. 스스로를 고립시키는 사람은 새롭고 신기한 것들을 차단함으로써 잃어버리는 것이 많다. 다른 사람을 향해 열린 마음을 갖게 되면 많은 영감과 아이디

어를 얻을 수 있다. 이로 인해 여러 이야기와 흥미로운 의견을 주고
받고 인맥을 쌓아갈 수도 있다. 처음 보는 사람과의 대화는 테니스
나 탁구 게임과 비슷하다고 보면 된다. 소소한 이야깃거리를 던져
주면 얘기를 나누고 싶은 사람은 공을 받아칠 것이다. 그게 신나는
경기로 이어진다면 그것은 멋진 일이다. 물론 토너먼트로 연결되
려면 계속해서 연습하는 수밖에 없다.

11장

때로 슬픔이
가장 위대한 스승이듯

외로움에 대항하는 행동계획

이것 하나는 명백하다. 외로움에서 벗어나기 위해 뭔가를 하려면 매일 실천해야 한다는 것이다. 가끔씩 실천하는 것은 별로 소용이 없다. 변화를 이루려면 규칙적으로 어떤 일에 투자해야 한다. 이런 깨달음이 생활을 지배한다면 좋겠지만 사실 불행히도 현실은 그렇지 못하다. 게슈탈트 치료의 창안자 프레더릭 펄스Frederick S. Perls는 틀에 얽매이지 않은 심리치료사였다. 그는 관습적 심리분석 용어를 배제하고 우리 안의 모순된 갈등 요소를 단순하게 상전과 하인으로 구분했다. 상전은 무엇이 좋은지를 정확하게 알고 있다. 그에 따라 어떻게 행동해야 할지 규칙을 세우고 지시를 내린다. 이를 따르지 않으면 우리 안의 상전은 양심의 가책을 느끼게 하며 스스로를 비판한다. 상전은 이성적 성찰과 착한 의도의 확성기와도 같다.

그에 비해 하인은 쾌락의 원칙에 따라 행동하며 자신을 내세우기 위해 속임수를 쓰기도 한다. 때로는 무기력한 모습으로 울부짖기도 한다. "난 더이상 못해"라고 하거나 그럴듯한 변명을 지어낸다. "오늘은 정말로 시간이 없어." 가끔은 고집을 피우는 모습을 보이기도 한다. "내 능력을 발휘하고 싶은 마음이 전혀 생기지 않아." 독일어로는 이러한 성향을 '돼지개Schweinehund'라고 부르는데, 이는 '나약한 자아' '내면의 부정적 유혹'을 의미한다. 상전과 하인이라는 단순한 분류법은 어떻게든 외로움을 극복하고 싶은 우리의 마음속에서 일어나는 일을 잘 설명해준다.

내 마음속 상전과 하인 •

상전과 하인은 종종 서로 싸우기도 한다. 한쪽에서는 진정으로 변화를 원하는 마음(상전)이 있지만 다른 한편으로는 마치 변화를 거부하는 것이 당연한듯 버티기도 한다(하인). 아마 누구나 그런 경험이 있을 것이다. 매일 조깅을 하려 하거나 과일을 더 먹으려고 노력할 때, 또 이탈리아어를 배우려 할 때 등등. 처음엔 열정적으로 시작하지만 조금만 지나면 시들해져서 결국 포기하고 마는 일들 말이다. 어떤 일을 지속하지 못하는 이유는 편안함만을 추구하거나 의지가 약해서만은 아니다. 좀더 자세히 살펴보면 우리 속의 하인도 간혹 완벽하게 합리적인 동기를 바탕으로 주장한다는 것을 알 수 있다. 상전이 어떤 행동을 할 경우의 불이익에 치중하는 반면, 하인은 그 안에 감춰진 이점을 알고 있다. 이는 외로움에서 벗어나고자 하는 노력에도 마찬가지로 해당된다. 하인은 외로움의 은밀한 장점을 알고 있으므로 어떻게든 포기하지 않으려 한다. 외로움이 가지고 있는 은밀한 장점을 깨닫지 못하는 한 우리는 구체적이고 목표 지향적인 행동에 나설 수 없다.

외로움의 은밀한 장점

지금까지 우리는 외로움이 가지는 단점에만 눈을 돌리고 그것을 어떻게 극복할 것인가의 문제에 치중했다. 하지만 외로움의 장점에 관심을 기울이는 일도 매우 중요하다. 다만 여기서 강조하는 것은 외로움이 주는 장점 자체가 아니라 모든 외로움에는 그 나름의 장점이 깃들어 있다는 사실이다. 다음은 그 장점들이다.

- 외부에 눈을 돌리지 않아도 된다.
- 자신의 이미지를 잘 유지할 수 있다.
- 부끄러운 상황에 처하지 않아도 된다.
- 거부당할 위험이 없다.

- 현실과의 대면 없이 계속 자신만의 몽상에 빠져 있을 수 있다.
- 자신이 희생자라고 느낄 수 있다.
- 달콤쌉싸래한 느낌을 즐길 수 있다.
- 내면적 상처를 별다른 자극 없이 내버려둘 수 있다.
- 자신의 세상을 유지하면서 외부의 시선에 방해받지 않는다.
- 이전과 같은 삶을 유지할 수 있다.
- 편견을 포기할 필요가 없다.
- 변화할 필요가 없다.
- 새로운 시도가 실패할 위험을 겪을 일이 없다.
- 시간을 절약할 수 있다.
- 자신의 결함을 군이 마주할 필요가 없다.
- 변화를 시도하는 과정에서 다른 사람을 귀찮게 하지 않는다.
- 익숙한 삶의 패턴을 새로운 것으로 대체할 필요가 없다.

　이것은 단지 편리함의 문제만은 아니다. 외로움의 장점은 두려움이라는 감정과 밀접하게 연결되어 있기 때문에 외면하기 어렵다. 이런 두려움을 약화시키려면 생각을 바꿀 필요가 있다. 하인에게 계속 외로움을 지킬 경우, 얻는 것보다는 잃는 것이 많다는 사실을 말해주고 설득해야 한다.

"슬픔은 가장 위대한 스승이다"

"슬픔은 가장 위대한 스승이다"라는 말이 있다. 마조히즘을 주장하려는 것은 아니지만 힘든 시기를 겪을 때 사람들이 적극적인 모습으로 변하는 것은 사실이다. 대부분의 커플도 관계가 거의 파경에 이르렀을 때에야 동반치료를 위해 찾아온다. 고통을 견딜 수 없을 때 의사를 찾아오는 환자도 마찬가지다. 고통은 변화를 촉구하므로 어떤 면에서는 그 자체로 치료의 효과를 가지고 있다. 작가 앤서니 로빈스는 말한다. "변화를 위한 가장 강력한 동력은 외부에서 비롯된 것이 아니라 자신의 내부에서 비롯되는 고통이다. 삶의 원칙에 따라 살지 못했다는 깨달음은 가장 커다란 고통을 불러일으킨다."

외로움에서 비롯되는 고통은 대체로 크지만 적극적으로 행동에 나서게 할 만큼 심각하지 않을 때도 종종 있다. 외로움에 관해서도 필요하다면 더이상 시간을 낭비하지 말고 마음속에 뒤끓고 있는 것들을 분명하고 확실하게 꺼내보아야 한다. 할리우드의 많은 스타들을 훌륭하게 치료한 바 있는 심리치료학자 필 스터츠Phil Stutz 와 배리 미첼스Barry Michels는 이와 관련해서 심리학 도구를 개발했다. 이들은 그것을 좀더 드라마틱하게 '생사의 문제'라고 이름지었다. 임종의 순간을 마주한 자신의 모습을 상상하면 절박함과 의지력이 솟아오른다. 으스스하게 들릴 수도 있겠지만 대단한 효과를 불러일으키는 방법이며 외로움에도 매우 효과적으로 사용될 수 있다. 하지만 이 같은 상상 연습은 안정되고 편안한 상태일 때만 해야 한다. 상상 연습 중 불쾌한 기분이 엄습하면 그냥 중단하고 다른 생각을 하는 것이 좋다.

- **마지막 시간:** 등을 대고 눕는다. 눈을 감고 조용히 숨을 쉰다. 마지막 순간을 맞이한다고 상상해보라. 삶을 돌아보며 외로움에서 벗어나기 위해 아무 일도 하지 않았다는 사실을 떠올려보라. 삶에 만족하는가? 혹시 후회되는 일이 있는가? 정확한 감정을 깨닫기 위해서는 시간이 필요하다. 눈을 뜨고 천천히 일어나서 손바닥을 비비면서 다시 현실로 돌아온다.
- **타임머신:** 편안하게 앉아서 눈을 감아보라. 타임머신을 타고 3년 후의 삶으로 이동한다고 상상해보라. 외로움에서 벗어나기 위해 아무런 노력을 하지 않았을 경우 삶이 어떻게 흘러갔는지를 살펴보라. 어디에 살고 있는가? 어떻게 살고 있으며 누구와 무엇을 하고 있는가? 어떤 느낌으로 살고 있는지 상상 가능한가? 행복한가, 아니면 우울한가? 미래를 충분히 둘러보았으면 이제 다시 현실로 돌아온다. 눈을 뜨고 손바닥을 세게 비벼보라.
- **손실 목록:** 외로움을 벗어날 수 있는 길을 찾지 못했을 경우 일어날 수 있는 모든 불이익을 상상해보라. 인생의 즐거움과

직업적 성공, 행운과 관련해서 어떤 손해가 있을까? 그 모든 손실을 적어보라.

상상이나 손실 목록을 통해 당신도 분명 깨달은 바가 있을 것이다. 현재 그럭저럭 견디고 있는 것들이 미래엔 장기적으로 감당할 수 없는 결과를 불러오리라는 깨달음 말이다. 갈수록 태산이 되는 것이다. 외로움을 몇 년 더 견디면 어떤 결과가 올지, 또 어떠한 변화도 추구하지 않고 살면 삶의 마지막에서 무엇을 아쉬워할지를 알게 되는 것이다. 그래서 지금 바로 외로움에서 벗어나겠다는 결심을 하게 만드는 것이다. 지금 아니면 언제 하겠는가?

스마트하게 목표 이루기　　　　　　　●

⁝　　　　　　물론 목표로 하는 것이 무엇인지는 외로움의 종류에 달려 있다. 배우자를 찾는 것이 목표인 사람은 폐쇄적인 행동이나 태도에서 벗어나고자 하는 것이 목표인 사람과는 다르다. 하지만 그 내용이 무엇이든 외로움에서 벗어나려는 게 목적이라면 여기에는 스마트SMART 공식이 효력이 있다. 구체적이고specific 측정 가능하며measurable 매력적이고attractive 현실적이며realistic 시기가 적절해야timeliness 한다.

- **구체성**: 목표를 정확하게 구상하라. 일반적인 목표를 정해놓으면 그 결과도 역시 희미할 수밖에 없다. 가령 '사람을 좀더 많이 사귀고 싶다'는 목표는 너무나 두루뭉술하다. 스스로에게 물어보아야 한다. 사람을 좀더 많이 사귀고 싶다는 것이 정확하게 무슨 의미인가? '호감이 가는 사람들과 저녁식사를 하거나 흥미로운 행사에 참석하고 싶다'라고 한다면 더 구체적인 답변이 될 수 있다. 바로 이것이 더 많은 사람을 사귀고 싶은 정확한 이유가 될 수 있다.

- **측정 가능성**: 자료를 가지고 목표에 다가서라. 목표를 이루기 위한 최선의 방법이 무엇일지 결정해야 한다. 가령 일주일에 한 번 여유 시간에 약속을 잡았다면 어느 정도 성공했다고 할 수 있다.

- **매력적인 목표**: 좋아할 만한 목표여야 한다. 외로움에서 벗어나고자 하는 목표가 당신을 정말로 행복하게 만들어주어야 한다. 규율을 받아들이거나 좋아하지도 않는 것을 억지로 받아들일 필요는 없다.

- **현실적인 목표**: 도달 가능한 목표여야 한다. 계획을 실현하는 것이 힘들 수 있으나 그것이 지나치게 까다로워서는 안 된다. 가장 좋은 것은 큰 목표를 구체적으로 잘게 쪼개는 것이다.

- **적절한 시기**: 모든 목표에는 적절한 시기라는 것이 필요하다. 언제까지 무엇을 성취해야 하는가? 달력에 자신만의 계

획 시간을 적어두라. 예를 들어 멋진 이웃과 커피를 마실 계획이 있다면 언제 그 사람을 초대할 것인지를 적어둔다.

목표를 형상화하기

영리한 계획을 실행에 옮기기 전에 비상사태를 대비해서 준비해두는 것이 유용하다. 상상력을 동원해서 위험부담 없이 조금씩 외로움으로부터 벗어나는 연습을 해보는 것이다. 가령 배우자가 있으면서도 너무나 외로워서 상대방과 그에 대해 이야기해보기로 결심했다고 하자. 단호하고 침착한 모습을 보이고 싶겠지만 사실 두려움과 불안함에 휩싸여 있다. 대화를 실제로 시작하기 전에 그 상황을 그려봄으로써 어느 정도 준비를 해보라. 마치 현실에서 일어나는 일을 보듯이 내면의 눈으로 상황을 자세히 살펴보라. 처음에는 다음과 같이 시작하라. 소파에 앉아서 당신이 말한다. "중요한 문제에 대해 당신과 상의하고 싶은 게 있어요." 배우자는 팔걸이의자에 앉아 있다 당황한 기색으로 쳐다보면서 묻는다. "그래, 무슨 일이에요?" 당신은 조용히 하고 싶었던 말을 한다. 그때 손을 편안히 허벅지에 놓아둔다. 상대방의 반응이 어떨지 당신은 잘 알고 있다. 상대에게 바라는 행동(그 사람이 당신을 끌어안으며 "미안해, 내 사랑! 당신이 그런 생각을 하는 줄은 꿈에도 몰랐어!"라고 얘기한다)을 상상하지 말고 보통 그 사람이 취할 행동을 바탕으로 대응하라.

상상 속 자신의 행동이 맘에 들지 않는다면 마치 영화 속 한 장면을 만들듯이 계속해서 행동을 수정해나간다. 만족할 만한 그림이 나오면 상상을 멈추어도 된다. 이런 방식으로 미리 그림을 그려놓음으로써 현실을 준비할 수 있다. 즉 비상시를 대비해 미리 연습함으로써 외로움에 대항해 성공적으로 싸울 수 있는 내면의 힘을 기르는 것이다. 이는 모든 종류의 외로움에 해당된다. 외로움을 느낀다는 사실을 친구에게 밝히는 자신의 모습을 그려보라. 혹은 인터넷에서 알게 된 누군가를 처음으로 만나는 모습을 상상해보라. 또는 파티에서 다른 손님을 만나는 상황을 상상해보라. 우리가 상상 속에서 꿈꾸던 상황이 실제로 정확하게 일어나는 일은 놀라울 정도로 많다. 상상 속에서 주고받던 대화가 현실로 이루어져서 놀라움을 금치 못한 상담환자의 사례를 나는 아주 많이 알고 있다.

규칙적인 재고 조사

실행계획과 측정 가능성 그리고 적절한 시기는 과정을 통제하는 데 도움이 된다. 그러면서 때때로 마음속에서 한 발짝씩 물러나 재고 정리의 시간을 가져야 한다.

- 무엇이 성공적이었는가?
- 성공적이지 않은 부분은 무엇인가?
- 어째서 그런가?
- 어떤 부분을 개선해야 하는가?

그런 다음 일기장의 성공란에 긍정적인 재고를 적어내려간다. 성공한 부분을 되짚어보고 그로 인해 긍정적으로 변화된 모습을 확인할 수 있다는 점에서 이는 매우 이점이 많다. 노력에 비해 결과가 만족스럽지 못하다고 해서 자신을 야단칠 필요는 없다. 군이 필요하다면 객관적인 관점에서 비판적으로 바라보는 것까지는 괜찮다. 내가 더 잘할 방법은 없을까?

그네를 계속 밀기

차가 달리는 데도 연료가 필요하고 풍차가 도는 데도 새로운 바람이 필요하며 제품이 생산되면 그것을 판매하기 위해 광고가 필요하다. 마찬가지로 외로움을 위한 노력도 시들해지지 않으려면 여러 시도가 필요하다. 다음은 계속 노력을 유지하는 데 그 효과가 입증된 방법이다.

자신을 너그럽게 칭찬하라

존 F. 케네디 가문에서 가장 중요한 법은 완벽한 성공이었다. 존 케네디를 비롯한 형제자매들은 "무조건 1등이다. 2등은 곧 실패다"라는 가훈 아래 성장해야 했다. 2등만 해도 실패자로 낙인찍혔다. 자신을 가혹하게 밀어붙이고 비판함으로써 성공에 이르는 사람도 있겠지만 대부분은 최고의 모습을 보이지 않는다고 해서 거부당하면 아예 승부욕을 상실해버리는 경우가 더 많다. 이것은 외톨이에게도 마찬가지로 적용된다. 그러므로 케네디가의 가훈을 재구성해보고자 한다. 노력을 해서 3등이나 4등만 하더라도 이미 성공한 것이다. 무엇보다 중요한 것은 노력을 기울였다는 사실이다. 아무리 작은 노력에도 "넌 정말 최고로 해냈구나!"라고 마음속으로 자신의 어깨를 두드려주며 칭찬해줄 수 있어야 한다.

행운의 콜라주

사진이나 그림은 특히 많은 영감을 준다. 우리 모두는 마음속에 이루고 싶은 소망을 그려놓고 있다. 십대들은 벽에 동경하는 스타들의 사진을 붙여놓고 그처럼 멋지고 유명한 모습이 되길 바란다. 보트를 타고 항해하는 꿈을 꾸는 사람은 커피테이블 위에 세상에서 제일 근사한 요트가 그려진 일러스트레이션 책자를 놓아둔다. 사랑이나 친밀한 관계에 대한 소망과 같은 추상적인 요소에 대해서도 우리 모두는 나름의 그림을 그리고 있다. 외로움을 극복하는데에도 이와 똑같은 방법을 사용할 수 있다. 도달하고자 하는 목표에 대한 그림을 그리는 것이다.

더이상 외롭지 않은 상태는 어떤 그림으로 나타나는가? 어쩌면 행복한 가족의 그림일 수도 있고 손잡고 함께 산책하는 다정한 커플의 모습일 수도 있다. 혹은 만족감에 찬 얼굴 표정일 수도 있고 친구들과의 모임에서 즐겁게 웃고 있는 모습일 수도 있다.

'더이상 외롭지 않아'의 그림이 어떤 것이든 그것을 잘 표현한 기존의 그림이나 사진이 분명히 있을 것이다. 잡지의 광고란 등을 뒤져서 당신이 생각하는 행복한 '함께'의 모습을 찾아보라. 그 재료들로 콜라주를 만들어보라. 커다란 마분지에 콜라주를 하고 당신의 사진을 붙여놓는다. 그리고 잘 보이는 장소에 그것을 갖다놓는다. 목표를 향해 나아가며 스스로를 다독이고 노력하는 과정에서 그 콜라주는 항상 힘이 되어줄 것이다.

내 손에 달려 있다

지금까지 우리는 외로움을 주제로 그 원인과 현상, 그리고 외로움을 극복하기 위한 방법 등을 총체적으로 살펴보았다. 외로움에 대해 시시콜콜할 정도로 거의 모든 것을 이야기했다고 봐도 무방하다. 구체적인 태도와 행동에 관해서는 나름대로 완벽에 가깝게 정리되었다고 볼 수 있다.

하지만 단순히 실천적인 부분에만 주력하지 말고 외로움이란 현상에 대해 더 깊이 생각해볼 필요가 있다. 외로움은 인간 존재의 뿌리를 건드리기 때문이다. 사랑이나 죽음처럼 너무나 기본적인 현상이기도 하다. 외로움을 느낄 때 우리는 마치 세상 모든 것과 차단된 것 같은 기분이 든다. 이러한 외로움을 온전히 겪어본 사람은 그 느낌을 절대로 잊을 수 없다. 최근 연구 결과에 의하면 외로운 상태에서는 두뇌 신경세포가 마치 육체적 고통을 느끼는 것처럼 활성화된다고 밝혀졌다. 이런 괴로움을 겪고 있는 사람에게 "외로움은 그저 환상일 뿐이야"라고 말하는 것은 잔인하다. 대인관계에 대한 노하우와 그것의 현실적인 적용을 통한 변화 없이는 외로움을 극복할 수 없으므로 별로 도움되지 않는 말이다.

그럼에도 불구하고 외로움이 환상이라는 말은 본질적으로 옳기도 하다. 우리는 사실 고립되어 있는 존재가 아니다. 이 지구상에서 인간은 다른 인간뿐 아니라 모든 생물과 연결되어 있다. 양자물리학과 같은 과학이 점점 발달할수록 그 증거는 더욱더 분명해지고 있다. 타인과의 연결은 절대로 끊어질 수 없는 것이며, 그것에 별 의미가 없다고 믿는다면 이는 잘못된 관점일 가능성이 크다. 바로 여기에 커다란 희망이 있다. 외로움이 단지 환상에 지나지 않으며 생각과 느낌 속에서만 존재하는 것이라면 그것을 바꾸는 일도 우리 손에 달려 있다. 즉 자신을 공동체의 일원으로 여기고, 필요하다면 축적된 노하우를 사용할 수 있도록 새롭게 사고하는 것이다.

좋은 소식 하나. 우리 모두는 이미 다른 이들과 연결되기 위해 필요한 모든 것을 갖고 있으며 그것은 자신이 알고 있는 것보다 더 많다. 우리 안에는 사랑과 독창성, 아름다움과 빛이 가득차 있다. 그것은 전혀 소모되지 않고 우리 안에 그대로 있다. 자신감을 더욱 키우고 가진 것을 너그럽게 다른 이들과 나누어야 할 이유가 충분한 것이다. 이것이 바로 외로움의 끝이다.

옮긴이 **이덕임**

동아대학교와 인도 뿌나 대학교 대학원 철학과를 졸업했다. 현재 번역에이전시 엔터스코리
아에서 전문번역가로 활동중이다. 옮긴 책으로는 『구글의 미래: 디지털 시대 너머 그들이 꿈
꾸는 세계』『노력중독: 인간의 모든 어리석음에 관한 고찰』『자발적 가난』『동물들의 소송』
『선택의 논리학』 등 다수가 있다.

외롭지 않다고 말하는 당신에게
솔직하고 다정하게 내 안의 고독과 만나는 방법

초판인쇄 2017년 12월 29일
초판발행 2018년 1월 9일

지은이 에바 블로다레크
옮긴이 이덕임
펴낸이 염현숙

책임편집 구민정 | 편집 고아라
디자인 최윤미 | 저작권 한문숙 김지영
마케팅 김도윤 안남영 | 홍보 김희숙 김상만 이천희
제작 강신은 김동욱 임현식 | 제작처 한영문화사

펴낸곳 (주)문학동네
출판등록 1993년 10월 22일 제406-2003-000045호
주소 10881 경기도 파주시 회동길 210
전자우편 editor@munhak.com | 대표전화 031) 955-8888 | 팩스 031) 955-8855
문의전화 031) 955-2696(마케팅) 031) 955-2671(편집)
문학동네카페 http://cafe.naver.com/mhdn | 트위터 @munhakdongne

ISBN 978-89-546-4978-0 03180

www.munhak.com